RT 발달중재 프로그램으로
행복한 소통 육아

아이가 이끄는 대로
마음이 닿는 데로

RT 발달중재 프로그램으로
행복한 소통 육아

아이가 이끄는 대로
마음이 닿는 데로

박지혜 지음 김정미 추천감수

한울림

 프롤로그

아이의 세계로
초대합니다

"아이와의 관계가 좋지 않아요."
"스스로 뭔가를 하려고 하지 않아요."
"또래나 다른 사람들과 어울리려고 하지 않아요."
"자신감이 없어요."
"엄마(아빠, 교사) 말을 통 듣지 않아요."
"학습능력이 부족한 편이에요."
"짜증이 많아요."
"말수가 별로 없어요."
"주의가 산만해요."

부모들은 아이 발달이 또래보다 느린 것을 시작으로 이런저런 문제들과 고민을 안고 상담실 문을 두드립니다. 그리고 아이의 문제행동을 개선할 수 있는 구체적인 방법을 알고 싶어 합니다. 상담 중에 "그래서 어떤 점이 어려우세요?"라고 물어보면, "아이랑 어떻게 놀아줘야 할지 잘 모르겠어요." "말을 너무 안 들어요." "우리 아이에게 잘 맞는 훈육 방법을 모르겠어요."와 같은 하소연이 터져 나옵니다.

오랫동안 현장에서 언어병리학을 전공한 언어재활사로 일하면서 단순히 말이 늦는 아이, 발음이 부정확한 아이, 말을 더듬은 아이, 자폐, 지적장애, ADHD, 청각장애 등 다양한 발달 문제를 가진 아이들을 10년 넘게 만나왔습니다.

그리고 그동안 누구보다도 '잘 가르치는 선생님'이라는 자부심을 가지고 사명감에 불타 열정적으로 수업을 해왔습니다. 어떻게 하면 아이들에게 효과적인 수업을 할 수 있을까, 아이의 문제행동을 고칠 방법은 무엇일까 고민하고 연구하면서 말입니다. 아이가 수업에 집중할 수 있도록 재미있고 흥미롭게 가르치는 방법을 공부해왔지만, 시간이 지날수록 '아이만'을 가르치는 수업에 한계를 느끼며 어딘가 부족하고 모자란다는 생각을 떨칠 수가 없었습니다.

특히 아이에게 필요한 치료적 개입은 분명 전문가의 도움을 받아야 합니다. 그런데 이보다 선행되어야 할 것은 부모가 일상에서 아이에게 어떻게 반응해줘야 하는지, 아이와 어떻게 놀아줘야 하는지, 아이가 힘들어할 땐 어떻게 해줘야 하는지 같은 '우리 아이'에게 맞는 방법을 배우는 것이라 생각합니다.

영유아 시기는 부모의 영향을 가장 많이 받는 시기입니다. 상담실에서 아무리 수업을 잘 받았다고 해도 집에서 부모가 잘못된 방법으로 아이와 놀아주고 교육한다면 당연히 수업 효과는 반감될 수밖에 없습니다. 부모는 최선을 다하는데 잘못된 방법을 써서 아이의 행동이 좋아지지 않고, 오히려 나빠지는 일을 목격할 때면 전문가로서 안타까운 마음이 들 때가 한두 번이 아니었습니다.

답답한 심정에 부모님들에게 도움이 될 만한 구체적인 방법이 무엇이 있을까 고민을 거듭하면서 관련 도서들을 파기 시작했습니다. 그런데 신기하게도 책을 읽으면 읽을수록 미궁 속으로 빠져드는 느낌이었습니다. 정보의 홍수 속에서 과연 어떤 방법이 맞는지 전문가인 저조차 갈피를 잡을 수가 없게 되어버렸지요.

막막함에 길을 헤매던 중에 동료 선생님으로부터 RT 발달중재라는 프로그램을 알게 되었습니다. 아이 치료에만 초점을 맞추는 것이 아니라 아이와 부모가 함께 배우는 수업인 RT 발달중재를 만나고 난 후 아이들을 치료하면서 부딪쳤던 많은 벽들이 사라지는 것을 느꼈고, 부모를 위한 실질적이고 구체적인 교육법에 대한 갈증도 시원하게 풀 수 있었습니다.

RT 발달중재는 부모의 아주 사소한 태도 변화에서부터 기적이 시작됩니다. 아이와 눈을 마주치며 시선을 따라가는 별거 아닌 일이 거짓말처럼 아이를 변하게 만듭니다. 부모는 뭔가 많이 해준 것 같지 않은데, 아이의 눈빛은 더 초롱초롱해지고, 입가에는 미소가 번집니다. 반짝반짝 빛나는 아이 얼굴을 보고 있자면 엄마도 아빠도 더불어 행복해집니다.

그동안 부모와 아이의 교감과 소통이 만들어낸 기적들을 지켜보며 RT 발달중재가 아이 발달을 위한 양육 코칭 가이드로서 매우 효과적인 프로그램이라는 것을 확신하게 되었습니다. 그리고 이 기적 같은 변화를 육아 문제로 고민하는 모든 부모님들과 함께 나누고 싶은 마음에서 이 글을 쓰게 되었습니다.

이 책은 RT 발달중재를 통해 아이와 함께 행복의 길을 걷고 있는 우리 엄마들의 생생한 고백입니다. 여기에 소개된 모든 사례는 실제 RT 발달중재 수업 사례들로 어머님들의 동의를 얻어 이 책에 실었습니다. 기꺼이 수업 사례를 소개하는 것을 허락해주신 어머님들께 진심으로 감사드립니다.

부디 이 책이 울고 있는 아이와 울고 싶은 엄마에게 행복으로 가는 여정에 함께하는 초대장이 되기를 바랍니다.

엄마와 아이의 행복을 함께하는
박지혜

Contents

프롤로그 아이의 세계로 초대합니다   8
오리엔테이션 부모는 최고의 선생님입니다   17

Part 1 부모-아이 상호작용 레시피
아이와 눈을 맞추고

불러도 대답 없는 아이   35
혼자서는 아무것도 못해요   43
우리 아이가 ADHD인가요?   52
느리지만 괜찮아   61
'공부'라는 전쟁에서   70

Part 2 부모-아이 소통 레시피
이야기를 주고받고

똘똘한 아이 더 잘 키우기   83
내 사랑 손수건   91
보이지 않아도 서로 통해요   99
혀 짧은 소리로 "두뜨 두데요"   107
대화가 안 되는 뚱딴지   115

Part 3 부모-아이 공감 레시피
아이 손을 마주잡고

우리 엄마는 워킹맘	127
해도 해도 너무한 짜증공주	136
욱하면 주먹부터 나가요	145
학교 가기 싫어요	155
겁쟁이에다 엄마 껌딱지	163
쉽게 상처받는 소심한 아이	171

에필로그	우린 달라졌습니다	180
부록	왜 RT 발달중재인가	182

우리 엄마는 나랑 노는 방법을 몰라요.
왜냐고요?
우리 엄마는 '왕초보'에요. 엄마가 처음이래요.

오리엔테이션

부모는 최고의
선생님입니다

아이와 가장 가까운 사람은 부모입니다.
아이와 가장 많은 시간을 보내는 사람도 부모입니다.
아이와 눈을 맞추며 아이의 흥미와 관심을 인정해주는 것
아이를 기다려주고 아이의 행동을 적극적으로 지지해주는 것만으로
아이는 스스로 성장해갑니다.
부모는 최고의 선생님입니다.

꿈도 많고 하고 싶었던 것도 많았던 '나'에서 '엄마'가 된 후 모든 것이 달라졌습니다. 누구의 엄마로 정신없이 살다 보니 어떨 땐 '내 나이가 몇이지?'를 한참 생각해봐야 할 정도로 여유가 없습니다.

어릴 때 엄마가 된다는 건 막연한 상상 속에 아름다운 한 폭의 그림이었습니다. 예쁜 앞치마를 두르고 화장을 곱게 한 엄마가 토끼같이 사랑스러운 아이들을 위해 저녁을 준비하는 모습이 엄마의 일상인 줄 알았습니다. 민낯에 대충 늘어난 티셔츠를 입은 아줌마들을 보면 참 게으른 사람인가보다 했었는데 막상 엄마가 되고 보니 너무 잘 이해가 됩니다.

다른 집 애들은 막 키워도 잘만 자라는 것 같은데, 우리 아이는 왜 이리 힘든 건지 하루에도 몇십 번 참을 '인' 자를 가슴에 새기며 참고 또 참아보지만 결국은 성질을 못 이겨 욱하고 화를 내고 맙니다. 전쟁 같은 하루를 마치고 잠이 든 아이를 바라보고 있으면 아이에게 더 잘 해주지 못한 죄책감이 몰려와 엄마를 덮칩니다. 몸도 마음도 지쳐버린 엄마, 누군가가 대신해줄 수도 없는 '엄마'라는 자리는 해도 해도 어렵기만 합니다.

엄마가 행복해야 아이도 행복합니다

안타깝게도 상담실에서 만나는 엄마들은 많이 지쳐 있습니다. 우울증을 앓고 있거나 신체적으로나 정신적으로도 번아웃 상태인 경우가 많습니다. 이런 엄마의 상태는 아이와의 일상을 바꾸기 위한 수업의 시작을 끊임없이 방해합니다.

지쳐 있는 엄마들 대부분은 유사한 증상을 호소합니다. 현재에 집중하지 못하고 과거 잘해주지 못한 것에 대한 후회로 괴로워합니다. 아직 오지 않은 미래에 대한 걱정들로 불안해하기도 하죠. 아이의 부족한 점이 더욱 커 보이기만 해 이러지도 저러지도 못하는 엄마는 RT 발달중재 수업을 통해 상호작용하는 법을 배워도 아이와 제대로 교감하고 소통하지 못합니다.

우울한 엄마 밑에서 우울한 아이가 활기찬 엄마 밑에서 활기찬 아이가 나옵니다. 엄마가 먼저 건강하고 행복해야 합니다. 그래야 아이도 건강하고 행복할 수 있습니다. 무엇을 하면 행복할지 고민해볼 겨를 없이 바쁘게 살아온 시간은 뒤로하고 이제 엄마의 행복을 먼저 챙겨보세요.

방전된 엄마의 에너지를 충전하기 위해서는 무엇보다 자신만을 위한 시간을 확보하는 것이 중요합니다. 아이에게 집중된 에너지를 조금씩 엄마가 아닌 '나'를 위해 사용해보세요.

행복 리스트 작성하기

우선 내가 무엇을 해야 행복할지를 생각해보세요. 결혼 전 좋아했던 일들을 적어보고, 그중에 하나를 실천해보세요. 무얼 해야 할지 생각이 잘 안 난다면, 다양한 방법으로 재충전의 시간을 가진 주변 엄마들의 사례를 참고해보는 것도 좋은 방법입니다.

"아이를 낳고 나서 처음으로 남편에게 아이를 맡기고 친구랑 단둘이 영화를 보고 왔습니다."
"반찬가게에서 반찬도 사 먹고, 청소도 대충 하면서 부족했던 잠을 보충했습니다. 안 하면 큰일 나는 줄 알았던 집안일을 손에서 내려놓으니 마음이 편해졌어요."
"나에게 쓰는 만 원도 벌벌 떨었는데 큰맘 먹고 네일아트를 받았어요. 기분전환에는 딱 좋더라고요."
"워킹맘이라 아이가 늘 안쓰럽고 아이한테 미안해서, 잠깐이라도 시간이 나면 아이를 위해 보냈습니다. 그런데 이번 주는 일찍 퇴근한 날 혼자 노래방에 가서 실컷 노래를 부르고 왔습니다. 신나는 노래를 부르는데 눈물이 났습니다. 이게 얼마 만인가 해서요."

도움 청하기

끝이 없는 집안일에 아이 돌보기까지 이 모든 걸 혼자서 하려다간 철인이라도 지치는 게 당연합니다. 여건이 허락되는 대로 살림과 육아를 아빠와 적극적으로 분담해보세요. 아이 목욕시키기, 분리수거

등 아빠가 도와줄 수 있는 것이 있다면 맡겨주세요.

그리고 친정이나 시댁 찬스를 과감히 사용하세요. 부모님께 부탁드리는 것이 죄송해서 힘들어도 알아서 해야지 하는 마음으로 혼자서 애쓰느라 몸도 마음도 아픈 엄마들, 이제 SOS 신호를 보낼 때입니다. 살림과 육아에 쏟을 에너지를 비축해 놓았다가 아이와 놀아주고 함께하는 데 써야 하니까요.

아무리 주위를 둘러봐도 도와줄 사람이 없는 독박 육아 엄마라면 해야 할 일 자체를 줄여 보아요. 일명 '내려놓음 작전'입니다. 집이 어질러지는 것을 못 견뎌서 아이가 가는 곳마다 따라다니며 정리하고 매일매일 청소하던 습관을 내려놓아 보세요. 집이 난장판이어도 굴러다니는 먼지가 거슬려도 눈을 질끈 감고 넘겨봅니다. 가끔씩 반찬도 사 먹고 외식도 하면서 살림이란 무거운 짐을 슬쩍 내려놓아 봅니다.

살림과 육아를 모두 완벽하게 잘할 수 없습니다. 둘 다 완벽해지려 애쓰다 보면 정신적으로나 육체적으로도 한계가 빨리 찾아오게 됩니다. 특히 완벽주의 성향의 엄마들은 더 힘들겠지요? 살림하랴 육아하랴 스트레스가 쌓이면 그 부정적 에너지는 고스란히 아이에게 전달되기 마련입니다.

두 가지 일을 공평하게 잘할 수는 없으니까 좀 덜 해도 되고, 잘 하지 않아도 되는 것들은 과감히 내려놓는 것이 엄마를 위해서도 우리 아이를 위해서도 필요합니다.

엄마를 위한 노트 준비하기

마음이 우울할 때, 불안할 때, 화가 날 때마다 노트에 하고 싶은 말을 적어봅니다. 왜 우울한지, 무엇 때문에 불안한지, 어떤 일 때문에 화가 나는지 자세히 적어보세요. 누군가에게 속마음을 털어놓듯이 나의 감정을 적는 것만으로도 치유와 회복의 효과가 일어납니다.

이렇게 부정적인 감정을 쏟아낸 후에는 감사 일기를 적어보세요. 소소한 일상에서 감사한 것들을 찾아 적다 보면 어느새 조금씩 마음이 따뜻해지게 됩니다. 일기라고 해서 거창한 것이 아닙니다. 한 줄씩만 적어도 좋아요. 이렇게 노트에 적으면서 '나'에게 집중하는 시간을 갖는 것 자체가 '나'를 돌보는 일이자 사랑하는 일이니까요.

아이의 행동에 당황하지 마세요

RT 발달중재 수업을 시작하면 행복한 일상이 바로 쫙 펼쳐질 줄 알았습니다. 그런데 예상하지 못했던 문제들이 생깁니다. 물론 모든 아이에게서 돌발적인 상황이 발생하는 것은 아닙니다. 아이의 연령이나 기질 그리고 엄마와의 관계 등 다양한 변수들로 인해 문제행동이 심해지는 아이도 있고, 그렇지 않은 아이도 있습니다.

RT 발달중재 수업 초기에 아이가 문제행동을 보여도 절대 당황하지 마세요. 아이에게는 엄마의 변화를 받아들일 시간이 필요합니다. 아이를 믿고 기다려주세요.

엄마를 테스트해요

방금 동생을 때리지 말라고 잘 타일렀는데, 엄마가 돌아서자마자 또 동생을 때려서 집안을 울음바다로 만듭니다. 어째 RT 발달중재 수업을 시작하고 나서 평소보다 엄마 말을 더 안 듣는 것 같고, 자꾸 하지 말라는 행동만 골라 합니다. 그러고는 엄마의 반응을 살핍니다. 마치 엄마를 시험해보는 것 같습니다.

딴에는 열심히 노력하고 있는데 아이가 문제행동을 하면 엄마 입장에서는 화가 나고 실망스럽기도 합니다. 그런데 아이 입장에서 한번 생각해보세요. 아이는 엄마가 이유 없이 갑자기 잘해주고 화도 덜 내니까 '엄마가 갑자기 왜 이러지?' '엄마가 갑자기 왜 착해졌지?'라는 생각에 불안해집니다. 그래서 자꾸 테스트를 하면서 엄마가 어떻게 반응하는지 유심히 지켜봅니다.

평소 자주 혼났거나 엄마와의 관계가 좋지 않았다면, 혹은 과거에도 이런 노력을 했다가 엄마가 포기한 적이 있어 아이에게 상처로 남았다면, 이 테스트 기간은 더 길고 더 강할 수밖에 없습니다. 쉽게 엄마의 변화를 믿을 수 없기 때문입니다. 아이의 이런 행동이 엄마를 시험해보는 아이 나름의 테스트라는 것을 충분히 인지하고 있다면 아이의 돌발 행동에도 잘 대처할 수 있습니다.

엄마 보란 듯이 동생을 때릴 때는 혼을 내는 대신에 차분한 목소리로 "수현아, 때리는 건 안 된다고 했지? 너도 알듯이 엄마가 너랑 잘 지내려고 수업도 받고 노력하고 있는데, 네가 자꾸 이러면 엄마가 정말 속상해."라고 솔직한 엄마의 마음을 얘기해보세요.

이렇게도 저렇게도 테스트해 보고 나서 엄마의 태도가 전과 확실히 다르다는 것을 느끼는 순간, 아이는 '어, 우리 엄마가 진짜 달라졌네? 만날 요즘 같으면 좋겠다.'라는 생각을 하게 됩니다. 이렇게 엄마에 대한 신뢰가 회복되고, 안정감이 생기면서 하지 말라는 행동을 하며 심술을 부리는 시간은 곧 지나갑니다. 더 이상 엄마를 테스트해 볼 필요가 없기 때문입니다.

아기처럼 행동해요

RT 발달중재 수업이 시작되고 엄마의 태도가 달라지면서 갑자기 아기가 된 듯 퇴행 행동을 보이는 아이도 있습니다. 무엇인가가 잘못돼서가 아니라 엄마의 관심과 사랑을 독차지하고 싶은 본능적인 욕구 때문입니다. 하지만 그 욕구가 어느 정도 충족되면 관심을 받으려 더 이상 아기처럼 굴지 않습니다.

초등학교 1학년인 한 친구는 RT 발달중재 수업을 시작하면서 아기가 되어버렸습니다. 3층에 위치한 상담실을 다닐 때도 엄마가 1층 주차장에서부터 아이를 업고 와야 했죠. 신발도 엄마가 매번 신겨줘야만 했고, 알아들을 수 없는 옹알이에 혀 짧은 소리까지 내는 아이를 엄마는 애정으로 받아주었습니다.

한 달 넘게 아기처럼 행동하며 응석을 심하게 부리더니, 어느 날부터 두 발로 씩씩하게 걸어오고 또렷한 목소리로 재잘재잘 말도 잘 합니다. 한번은 상담 중에 슬며시 방을 나가더니 커피와 녹차를 타서 들고 들어옵니다. 한 잔은 주차장에서 기다리고 있는 아빠를 위한 녹차, 한 잔은 엄마를 위한 커피입니다.

엄마의 관심과 사랑을 듬뿍 받기 시작하면서 아이들은 자연스럽게 아기가 되어버립니다. 심해지는 아이의 응석을 받아주면 계속 아기처럼 굴며 엄마한테 다 해달라고 하는 게 아닐까 걱정이 들겠지만 너무 염려하지 않아도 됩니다. 아이 안에 있는 사랑의 그릇이 차고 흘러넘치게 되면 시키지 않아도 다른 사람을 배려하고 존중하는 행동을 한답니다.

고집이 더 세져요

아기 때부터 순해 어딜 데려가도 보채는 법 없이 얌전하고, 하기 싫어도 "아니야, 해야 해."라고 말하면 엄마 말을 잘 들었던 착한 아이가 RT 발달중재 수업이 시작되고 나서 갑자기 고집이 세집니다.

조금만 자기 맘대로 안 된다 싶으면 인상을 찌푸리며 소리를 지릅니다. 심지어 남의 집 말썽꾸러기만 하는 줄 알았던 '바닥에 벌러덩 누워 떼쓰기' 기술도 펼칩니다. 생전 안 하던 행동을 하는 아이의 모습에 엄마는 당황스럽기만 합니다.

상호작용이 촉진되고, 자신의 의도를 표현하려는 욕구가 높아지면서 아이는 좋고 싫음을 더 분명하게 표현합니다. 전에는 무표정한 얼굴로 좋은 건지 싫은 건지 별다른 반응이 없었는데, 이제는 기분이 좋으면 손뼉을 치고 점프를 하고 깔깔 웃기도 합니다. 반대로 싫으면 온몸을 비틀고 고함을 지르며 하기 싫다는 것을 강하게 표현합니다.

싫은 건지 좋은 건지 모르게 유모차에 앉혀 놓으면 몇 시간이고 조용히 앉아 있는 아이야말로 더 부자연스럽습니다. 자아표현 욕구 강해지는 것은 아이의 자연스러운 발달과정이므로 크게 걱정할 필요가 없습니다.

엄마 껌딱지가 됩니다

엄마만 찾는 시기가 없었던 아이들은 RT 발달중재 수업이 시작되고 나서 '엄마 껌딱지'가 되기도 합니다.

"우리 아이는 엄마가 있어도 없어도 상관없고, 잘 찾지도 않아요. 그래서 제 소원이 우리 아이도 엄마 껌딱지가 되었으면 하는 거예요." 라고 하소연했던 엄마는,

"이제는 엄마를 그만 찾았으면 좋겠어요. 하루에도 오백 번 이상은 엄마만 부르는 것 같아요. 너무 힘들어요. 아무한테도 안 가요. 전에는 아빠랑 잘 놀았는데, 이제 아빠한테도 안 가요."라는 새로운 고민을 토로합니다.

엄마와의 신뢰관계가 회복되면서 엄마에 대한 애착도 확 올라갑니다. 그래서 엄마만 쳐다보며 엄마가 잠시라도 안 보이면 엄마를 찾아 온 집안을 돌아다닙니다. 아빠와 사이가 좋았던 아이였는데 아빠가 퇴근해서 집에 오면, 다시 나가라고 문을 닫아버리기도 합니다. 엄마가 안 보이면 울어버리고 다른 사람한테는 가지를 않아서 엄마는 청소하는 일도 요리하는 일도 힘듭니다. 심지어 머리도 못 감고 화장실도 잽싸게 다녀와야 하는 신세죠.

엄마만 찾는 아이가 힘에 부치고 어떻게 하나 걱정이 태산이었는데, 얼마 지나지 않아 금세 '엄마 껌딱지' 시기가 지나갑니다. 엄마와의 관계가 안정되면서 더 이상 엄마에게 집착하지 않고 아빠와도 잘 놀고, 다른 사람과도 잘 지내게 된답니다.

변화를 시작하는 엄마를 위한 조언들

RT 발달중재 수업을 열심히 들은 엄마는 할 수 있다는 자신감에 차올라 금방 아이가 변할 것 같은 핑크빛 환상에 사로잡힙니다. 하지만 집으로 돌아와 아이와 함께 수업을 시작하고 보니 여러 가지 현실적 어려움에 부딪혀 변화는커녕 수업을 이어나가기 힘들 정도입니다.

현실적 제약으로 인해 변화를 시작하려는 의지가 사라지고 중도 포기를 선언하는 상황에 처한 엄마들을 위해 흔히 접하게 되는 문제 상황을 중심으로 몇 가지 조언을 드립니다.

아이랑 별로 놀아주지 못해요. 그래도 효과가 있을까요?

우울증으로 힘든 엄마에게 "지난 한 주 동안 배운 대로 해보셨어요?"라고 물으면 "하나도 못 했어요. 아이랑 놀아주지를 못하겠어요. 제가 너무 힘들어서요."라는 답변이 돌아옵니다. 아이와 놀아주지 못한 엄마는 자책과 아이에 대한 염려로 스스로를 괴롭힙니다.

아이와 많이 놀아주지 못하는 것에 스트레스 받지 마세요. 할 수 있는 한도 내에서 아이와 놀아주는 것, 그 자체만으로도 충분합니다. 아이와 놀아주는 것보다 더 중요한 것은 일상에서 아이를 대하는 부모의 태도입니다.

윤주 엄마는 집안에 여러 가지 일이 겹쳐 몸도 마음도 힘든 상태라 아이와 전혀 놀아주지 못했습니다. 그런데 아이는 매주 밝아지고 정서적으로도 안정이 되어 문제행동이 눈에 띄게 줄어들었습니다.

그동안 엄마는 윤주가 조금이라도 징징대면 무섭게 다그치며 화를 냈습니다. 하지만 RT 발달중재 수업을 시작하고 나서는 아이를 달래주고 아이의 마음에 공감하려 노력했습니다. 또한 아이가 기분 좋은 상태를 유지할 수 있게 짜증이 날 만한 일들을 피했습니다.

예를 들어 전에는 아무리 늦게 일어나도 꼼꼼히 세수를 시키고 머리도 예쁘게 묶었습니다. 그러나 이제는 늦잠을 잔 날이면 눈곱만 겨우 떼어주고 머리도 묶지 않고 유치원에 보냅니다. 남들의 시선을 의식하는 엄마에게 이러한 일은 쉬운 게 아니었습니다. 그래도 아이의 기분이 더 중요하다는 것을 알고 나서는 배운 대로 하고 있습니다.

윤주 엄마와 완전히 반대되는 사례도 있습니다. 하나 엄마는 RT 발달중재 수업에서 배운 놀이를 누구보다 열성적으로 했습니다. 그런데 아이는 조금도 달라지지 않습니다. 왜일까요? 엄마는 배운대로 놀아주긴 했지만, 일상에서 아이를 대하는 태도는 전혀 달라지지 않고 예전 그대로였기 때문입니다.

엄마가 하자고 하는 활동을 하나가 안 하겠다고 떼를 쓰면 어떻게든 강압적으로라도 하게 만들었습니다. 아이의 흥미와 관심에 민감하게 반응해주기보다 하나라도 더 가르치려고 쉼 없이 얘기했습니다. 놀아주기만 할 뿐 태도는 그대로인 엄마의 행동이 아이와의 상호작용을 방해했기 때문에 하나가 조금도 달라지지 않은 것입니다.

아이와 많은 시간을 보내고 잘 놀아주는 것도 물론 중요하지만, 그보다 중요한 것은 일상에서 아이를 대하는 부모의 태도입니다. 아이는 자신을 대하는 부모의 태도가 진심으로 달라졌다고 느낄 때 변하기 시작합니다.

한 아이만 신경 쓸 수도 없고, 다른 형제들도 걱정이 돼요

엄마가 한 아이에게 더 세심하게 시선을 맞춰주고 반응해주기 시작하면 다른 형제들의 질투가 시작됩니다. 큰아이를 엄마가 더 신경 쓰는 경우 동생들의 질투는 활활 타오릅니다.

심지어 돌이 안 된 아기도 압니다. 나보다 언니가 주목받고 있다는 것을요. 그래서 바닥에 내려놓기만 해도 안으라고 보채며 관심을 끌려 합니다. 그런 둘째를 보행기에 앉혀 놓고 큰아이와 놀아주고 있으면, 엄마는 혼자 있는 둘째가 안쓰럽습니다. 이러다가 둘째에게도 문제가 생기는 건 아닌지 걱정이 됩니다.

나이가 많은 형도 "흥, 엄마는 동생만 예뻐하고. 나랑도 놀아주란 말이야!" 하며 대놓고 불만을 표시합니다. 엄마는 형이라 이해해줄 줄 알았는데 아이는 다 똑같은가 봅니다. 다른 아이가 자꾸만 신경 쓰여 RT 발달중재 수업도 제대로 되질 않습니다. 이런 경우 엄마는 도움이 적극적으로 필요한 아이를 우선순위에 두고 집중해야 합니다.

여섯 살 대호는 툭하면 두 살 아래 여동생 여진에게 폭력을 씁니다. 툭 밀치거나 꿀밤을 때리는 정도가 아니라 주먹을 휘두르거나 바닥으로 거꾸러뜨려 위험천만한 사고가 날 뻔한 적이 한두 번이 아닙니다.

엄마는 폭력적인 행동으로 어딜 가나 문제를 일으키는 대호에게 우선순위를 두기로 결심했습니다. 그리고 큰아이와의 관계를 회복하기 위한 방법들을 열심히 실천했습니다. 샘이 많은 여진이가 곧 눈치를 챕니다. 평소보다 많이 징징거리며 "엄마 미워"라는 소리를 반복하며 울기도 하고 자기도 예뻐해 달라며 질투하고 난리입니다.

둘째의 투정과 질투에 흔들리기도 했지만, 그래도 엄마는 큰아이에게 신경을 집중했습니다. 둘째가 너무 힘들어하는 날에는 아빠에게 여진이와 놀아달라고 부탁했습니다.

 엄마의 사랑과 노력으로 대호가 좋아지면서 동생을 대하는 태도가 확 달라졌습니다. 예전에는 여진이가 자기 물건을 만지기만 해도 소리를 지르며 확 밀치거나 때렸었는데, 지금은 동생에게 장난감을 건네며 "이거 가지고 놀아. 난 엄마랑 놀았으니까 괜찮아." 하면서 동생을 대하는 태도가 여유로워졌습니다.

 RT 발달중재 수업을 시작하면서 한 아이에게 신경을 쏟다 보면 상대적으로 관심을 덜 받는 형제들이 서운한 감정을 내비칠 때가 있습니다. 그럴 때는 아이의 서운한 마음에 공감해주고, 투정을 부리는 것도 받아주면서 엄마의 지원군으로 포섭해보세요. 형제가 참여하거나 도와주면서 수업이 재미있어지는 경우도 많아 아이들의 합동 작전은 더 의미가 있습니다.

아이한테 화를 안 내려고 했는데 참다 참다 또 화를 냈어요

 RT 발달중재 수업을 통해 일상생활 속에서 아이를 대하는 태도 변화가 중요하다는 것을 배운 엄마는 이제 아이에게 화를 내지 말고 잘해봐야겠다는 각오를 단단히 합니다. 아이가 아침에 눈을 뜨는 순간부터 아이 눈을 사랑스럽게 쳐다보며 재미있게 놀아줍니다. 평소 잘 놀아주지 않던 엄마가 원하는 대로 놀아주니까 아이는 신이 납니다. 너무 기분이 좋고 재미있다 보니 도통 잠이 오지 않습니다. 계속해서 엄마랑 같이 놀고 싶은 마음입니다.

문제는 엄마의 컨디션입니다. 아이에게 신경 쓰느라 너무 지치고 피곤한 상태인데 12시가 되도록 아이가 잠들 기미를 보이지 않고 계속 놀자고 조르니 결국 엄마의 인내심은 바닥이 납니다.

"자라니까! 왜 이렇게 말을 안 들어! 그만 좀 해!" 하고 소리를 버럭 지르며 억지로 아이를 방으로 데려가 눕힙니다. 아이는 "엄마 미워!"라고 말하며 훌쩍이다 잠이 듭니다. 온종일 그렇게나 노력을 했는데, 한순간 화를 참지 못해서 모든 노력을 물거품으로 만들어버린 건 아닌지 엄마는 자괴감이 듭니다.

엄마가 아이의 세계로 들어가 시선을 맞추고 함께 놀아주기 시작하면 잠을 자지 않고 계속 놀아달라고 조르는 경우가 있습니다. 엄마가 놀아주는 것이 너무 좋으니까요. 엄마는 그런 아이의 마음을 알아주고, 평소보다 잠자는 시간을 좀 늦춰야겠다는 여유로운 마음가짐을 갖는 것이 좋습니다.

많은 엄마들이 아이를 억지로 재우려고 실랑이를 하다가 결국 폭발하고 맙니다. 엄마도 사람이기에 전혀 화를 내지 않는 것은 불가능해요. 화를 참느라 속을 끓이는 대신 아이를 조금이라도 더 사랑해주고, 그 사랑을 표현하려 노력해보세요. 속상해서 우는 아이를 따뜻하게 위로해주고 아이의 마음을 이해하려 노력하는 자세가 중요합니다.

엄마가 참다 참다 화를 냈다고 해서 그간 엄마의 노력이 모조리 허사가 되는 건 아닙니다. 아이도 엄마를 참 잘 압니다. 평소 같았으면 진작 화를 내며 혼냈을 엄마가 오늘은 많이 받아주다가 화를 냈다는 것을요. 아이는 과정을 읽습니다.

그래, 이제 부모가 배우고 달라져야 해

아이들은 부모와 많은 시간을 보내고, 깊은 유대관계를 맺습니다. 아이의 발달에 가장 많은 영향을 미치는 사람 또한 부모입니다. 따라서 아이의 성장과 발달에 있어 부모의 역할이 무엇보다 중요합니다.

아이의 부족한 점을 하나하나 지적하고 바꿔주려 했던 것을 내려놓고, 아이를 있는 그대로 인정해주세요. 그리고 아이를 가르치고 주도하기보다는 아이가 이끄는 대로 따라가 주세요.

부모의 이러한 변화는 거짓말처럼 아이를 변화시킵니다. 아이를 억지로 끌어서라도 부모가 원하는 방향으로 오게 하려고 노력했을 때를 떠올려보세요. 그 과정에서 겪은 엄청난 진통과 셀 수도 없는 크고 작은 실패들을요.

이제 부모가 배우고 달라져야 합니다. 부모의 작은 변화에서부터 시작되는 놀라운 기적을 동력 삼아 아이와 행복의 길을 함께 걸어보세요. 때론 작은 돌에 걸려 넘어질 때도 있지만, 그래도 괜찮습니다. 이젠 함께 걷는 법을 알고 있으니까요. 툭툭 털고 일어나 다시 걷는 것도 전혀 문제없답니다.

Part **1** 부모-아이
상호작용 레시피

아이와 눈을 맞추고

무릎을 굽히고 허리를 숙여
아이와 눈높이를 맞춰주세요.
그리고 아이의 반응을 살피며
아이의 행동을 따라 해주세요.
부모의 작은 태도 변화만으로도
아이와 공감대를 형성할 수 있어요.

불러도 대답 없는 아이

지우는 30개월이 지나도록 아직 '엄마'라는 말을 하지 못합니다. 말이 늦는 것은 그럴 수도 있다고 생각하지만 불러도 반응이 없고 혼자서만 노는 아이를 볼 때면 걱정이 이만저만이 아닙니다.

보통 지우는 노래를 부르거나 소리 나는 장난감을 반복해서 누르며 혼자 노는 것을 좋아합니다. 엄마는 지우와 같이 놀아주기 위해 지우가 부르는 노래를 따라 불러봅니다. 그럴 때면 지우는 노래를 부르지 말라고 엄마에게 짜증을 내거나 노래를 중단해버립니다. 가끔 정말 기분 좋을 때만 엄마의 노래를 허용해줄 뿐이죠. 또 피아노를 잘 치며 놀다가도 엄마가 다가가 같이 치려고 하면 몹시 싫어합니다. 당연히 엄마가 하자고 하는 놀이에도 전혀 관심을 보이지 않습니다.

엄마는 "지우야, 공 받아!" 하고 지우가 받기 좋게 공을 살짝 던져줍니다. 하지만 지우는 공을 받기는커녕 쳐다보지도 않습니다. 저쪽으로 혼자 굴러가 버린 공을 엄마가 뛰어가 주워옵니다. 그리고 "지우야! 엄마한테 공 던져줘." 하고 지우에게 건네는 순간 공은 바닥으로 떨어져 버립니다.

함께 노는 것이 지우에겐 왜 이리 어려운 일인지 엄마는 속이 탑니다. 얼마든지 지우와 함께 놀아줄 수 있는데 엄마는 지우가 혼자 노는 것을 지켜보는 것 말고는 할 수 있는 게 아무것도 없습니다.

아이의 시선 따라가기

무표정한 얼굴의 꼬맹이 지우와 입술이 부르트고 수심이 가득한 엄마가 상담실을 찾았습니다. 지우는 혼자서 상담실 이곳저곳을 돌아다닙니다. 관심 있는 장난감을 잠깐씩 만져보기는 하지만 한 가지를 오래 가지고 놀지 않습니다. 엄마가 옆에서 새로운 장난감을 보여주며 말을 걸어보지만 지우는 엄마를 쳐다보지 않고 같이 놀려고 하지도 않습니다. 그래도 엄마는 계속 지우를 따라다니며 아이가 좋아할 만한 장난감을 지우에게 보여줍니다.

엄마와 상호작용하지 못하고 혼자서 노는 지우는 사회적 놀이 활동이 서투른 아이입니다. '사회적 놀이'란 아동이 다양한 상황에서 부모나 어른과 주고받기식 놀이에 능동적으로 참여하는 것을 말합니다. 지우처럼 누군가와 함께 놀아본 경험이 거의 없는 아이를 사회적 놀이에 참여하게 하려면 먼저 아이의 행동에 부모가 민감하게 반응해 줘야 합니다. 그러기 위해선 신체 높이를 조절하여 아이와 눈을 맞추고, 아이의 시선을 따라가며 아이의 세계로 들어가려는 노력을 기울여야 합니다.

엄마에게 무릎을 굽혀 지우와 눈을 마주치고, 지우가 장난감을 짚으면 그 장난감을 짚는 식으로 지우의 행동을 그대로 따라 하도록 했습니다. 그리고 지우의 반응을 살피며 아무 말 없이 지우의 다음 행동을 기다리게 했습니다. 조용히 기다리는 시간이 어색한 엄마는 지우에게 무슨 말이라도 해야 할 것 같은지 자꾸 입술을 달싹였습니다. 하지만 침묵이 계속되고 조용한 환경이 유지되자 엄마는 지우가 자신의 행동에 반응을 보인다는 사실을 알게 되었습니다.

대부분의 아이들은 누군가가 자신을 따라 하는 것에 즐거움을 느낍니다. 하지만 간혹 불쾌한 반응을 보이는 아이도 있습니다. 만약 아이가 따라 하는 것을 싫어한다면 "알았어, 안 할게." 하고 따라 하는 행동을 즉시 멈춥니다. 그리고 계속 아이의 눈을 주시하며 아이의 다음 반응을 기다립니다. 그러면 아이는 자기가 원하는 방식으로 다시 놀이를 이끌어갑니다.

여기서 조심해야 할 것은 아이의 모든 행동을 무작정 따라 해서는 안 된다는 것입니다. 다칠 수 있는 위험한 행동이나 가족의 규범에 어긋나는 무례한 행동은 따라 하지 않고 주의를 줍니다.

엄마도 지우처럼

　간식 시간, 엄마는 사과를 깎아서 지우와 함께 먹으려고 식탁에 앉았습니다. 전에는 "지우야, 사과 좋아하지? 오늘따라 사과가 참 달아."라고 말하며 먼저 말을 걸었을 엄마는 지우와 마주한 채 지우의 행동을 조용히 지켜봅니다.

　지우가 사과를 포크로 찍습니다.

　엄마도 지우의 눈을 쳐다보며 사과를 포크로 찍습니다.

　지우가 사과를 입에 쏙 넣습니다.

　엄마도 지우의 눈을 쳐다보며 사과를 입에 쏙 넣습니다.

　조용한 가운데 지우는 엄마가 자기가 하는 대로 따라 하고 있다는 것을 알아챕니다. '이상하다, 오늘 엄마가 왜 그러지? 나 따라 하는 거 같은데?' 지우는 평소 같지 않은 엄마를 의식하기 시작합니다.

　지우가 포크로 사과 두 개를 콕콕 찍른 후 엄마를 쳐다봅니다.

　엄마도 지우의 눈을 쳐다보며 포크로 사과 두 개를 콕콕 찌릅니다.

　지우가 엄마의 눈을 쳐다보며 입을 크게 벌립니다.

　엄마도 지우의 눈을 쳐다보며 입을 크게 벌립니다.

　지우는 엄마가 자꾸 자기를 쳐다봐주고 자기가 하는 행동을 따라 해주는 것이 재미있습니다. 그래서 엄마가 자기를 진짜 따라 하는지 살피느라 눈 맞춤이 잦아집니다. 우스운 표정을 지어보기도 하고 다리를 찢기도 하고, 이상한 외계어를 쏟아내 보기도 하면서 엄마의 반응을 살핍니다. 그렇게 엄마랑 주고받는 놀이가 계속 이어집니다.

간혹 지우가 하지 말아야 할 행동을 했을 때는 정색을 하며 "안 돼!"라고 화를 내기보다는 차분한 목소리로 "엄마는 그런 위험한 행동은 안 따라 할 거야." "엄마는 때리는 건 안 할 거야."와 같이 따라 하지 않는 이유를 설명해주었습니다.

그런 일이 반복되자 지우도 '엄마가 내 행동을 다 따라 하는 건 아니구나!'라는 사실을 깨닫게 되었습니다. 그러면서 위험하거나 하지 말아야 하는 행동은 자연스럽게 줄어들었습니다.

'엄마'라는 말을 처음 들은 날

엄마는 지우와 눈을 맞추기 위해 자세를 낮추고, 지우와 마주보기 위해 바삐 움직여야 했습니다. 지우의 세계로 들어간 지 나흘째, 엄마는 그토록 듣고 싶었던 "엄마"라는 말을 들었습니다. 울컥 올라오는 감정에 눈시울이 붉어진 엄마는 "응" 하고 떨리는 목소리로 대답해주었습니다.

요즘은 지우가 먼저 엄마의 눈을 쳐다보고 "엄마!" 하고 부르며 달려와 안기기까지 합니다. 그리고 엄마에게 수시로 놀자며 옵니다. 자동차를 가지고 놀 때도 엄마에게 자동차를 건네며 같이 "붕붕" 하자고 조릅니다. 처음엔 엄마 곁에서 잠깐 머물다 혼자 놀더니 점점 엄마와의 놀이 시간이 길어집니다.

엄마와 함께 놀기 시작하면서 놀이 수준도 나날이 발전해갑니다. 처음엔 단순한 몸놀이나 간단한 블록을 끼웠다 뺐다 반복하는 수준의 놀이 활동이 대부분이었습니다. 그런데 이제는 시장놀이나 병원놀이도 같은 역할놀이도 곧잘 합니다.

부쩍 웃음이 많아진 지우를 볼 때마다 엄마도 행복합니다. 엄마는 그저 지우의 세계로 들어가 친구가 되어주었을 뿐인데 지우가 이렇게나 달라지고 행복해하다니 믿기지가 않습니다. 그동안 방법을 몰라 헤맸을 뿐 행복으로 가는 길은 어려운 길이 아니었습니다.

아이의 세계로 들어가기

아이와 상호작용하기 위해서는 자세를 낮춰 아이와 눈을 마주치는 것이 가장 중요합니다. 아이의 눈높이에 맞춰 엎드리기도 하고 무릎을 꿇거나 눕기도 하면서 신체 높이를 아이에 맞게 조절해주세요.

그런 다음 거울처럼 아이의 행동을 그대로 따라 해보세요. 아이가 우스꽝스러운 표정을 지으면 똑같은 표정을 짓고, 아이가 폴짝 뛰면 따라서 뛰어봅니다. 아이의 시선을 따라가며 아이가 하는 방식 그대로 따라 하며 함께 놀아주세요. 단, 위험한 행동이나 무례한 행동은 절대 따라 하지 않습니다.

이렇게 해보세요 아이 반응 기록하기

아이의 반응과 엄마가 느낀 점 등을 기록하는 습관을 갖게 되면 아이의 변화를 한눈에 파악할 수 있습니다. 기록을 남기다 보면 아이를 자세히 관찰하게 되고, 아이의 행동에 민감하게 반응할 수 있어 좋습니다.

숙제	아이의 세계로 들어가기(눈 맞추기+아이 행동 따라 하기)	
날짜	아이의 반응	엄마의 느낌
○월 ○일	침대에서 지우가 혼자 뛰고 있을 때 나도 올라가서 같이 뛰었더니, 굉장히 좋아하며 계속해서 같이 뛰자고 내 손을 잡아끌었다.	지우가 뛰기, 춤추기 같은 대근육 활동이 많은 편이어서 따라 하는 게 쉽지 않았다.

○월 ○일	어제 내가 따라 했던 행동(뛰기, 메롱, 도리도리 등)을 반복하면서 같이 놀자고 한다. 함께 놀았던 장소(침대, 볼풀)로 계속 나를 데리고 간다. 혼자 놀 때 주로 했던 줄 세우기, 책 쌓기 같은 놀이는 같이 하려 해도 반응이 없고, 내가 한 것을 다시 정리한다.	동요를 들려 달라고 하면 컴퓨터로 동영상을 틀어주는데, 율동 같은 것은 어떻게 따라 해줘야 하는지 잘 모르겠다.
○월 ○일	눈을 맞추며 이야기하다 보니 아이의 표정이 전보다 더 다양해진 것 같다. 지우가 뭔가를 해달라고 했을 때 '이따가 해줄게, 잠깐만' 하고 말하면 바로 엎드려 우는 게 당연했는데, 오늘은 내 말에도 울지 않고 가만히 기다렸다.	계속해서 눈을 맞추며 대화하는 게 쉽지는 않다. 아이가 다른 곳에 시선을 두고 있을 때 억지로 눈을 맞추면 지우도 약간 긴장하거나 어색해하는 것 같다.
○월 ○일	엄마가 구연 동화하듯 과장된 어조로 노래를 부르거나 율동을 따라 하면 미소를 지으며 즐거운 표정으로 동요에 더욱 집중한다.	아이의 행동을 그대로 따라 하며 놀아주면 된다고 생각하니 아이와 함께하는 시간에 대한 부담이 줄었다.
○월 ○일	어떤 동작(만세, 메롱)을 한 후에 엄마를 바라보며 엄마가 따라 하는지 살펴보고 따라 할 때까지 기다린다.	어디까지 따라 해줘야 하는 건지 의문이 들 때가 있다.
○월 ○일	혼자 놀 때 주로 하던 줄 세우기나 책 쌓기 놀이 횟수가 확연히 줄었다.	걱정했던 아이의 놀이 패턴이 줄어들어 다행이다.

지우 엄마의 '아이 반응 기록하기' 예시

혼자서는 아무것도 못해요

네 살 온유는 어려서부터 있는 듯 없는 듯 조용한 아이입니다. 혼자서도 잘 놀지만 엄마와 노는 것도 무척 좋아합니다. 온유는 엄마의 말을 잘 따라줍니다. 엄마가 하자는 대로 하고, 엄마와 한 시간 이상 노는 것도 가능합니다.

얼핏 보면 문제가 전혀 없는 아이지만, 온유의 문제는 엄마의 말을 너무 잘 따르는 데 있습니다. 어떤 놀이를 해도 온유는 엄마의 결정을 기다립니다. 엄마가 골라 준 장난감만 가지고 놀고, 엄마가 가르쳐주는 대로만 놉니다. 한 번도 먼저 나서서 놀이를 주도해본 적이 없습니다.

온유는 심심하면 얌전히 앉아 엄마를 물끄러미 바라봅니다. 그러면 엄마는 "온유야, 심심하면 그렇게 앉아 있지 말고 퍼즐 놀이해."라는 식으로 온유에게 말을 건넵니다. 엄마의 말을 들은 온유는 그제야 몸을 움직여

퍼즐을 맞추기 시작합니다. 그렇게 시간이 가는지 모르게 집중하며 한참을 퍼즐을 맞추다 지루해지면 또 엄마를 쳐다보며 멍하니 있습니다. 심심하다고 엄마한테 놀아달라는 말을 하거나 보채지도 않습니다.

시선을 느낀 엄마는 또 "온유야, 퍼즐 다 했으면 책 봐."라고 얘기를 합니다. 그 말이 떨어지자마자 온유는 책을 꺼내 한참을 봅니다. 이렇게 온유는 집에서 주로 퍼즐을 맞추거나 책을 보며 시간을 보냅니다. 늘 같은 놀이의 반복이고, 소리 내는 일 없이 항상 얌전히 노는 온유가 엄마는 적잖이 걱정입니다.

그런 아이가 신경 쓰여서 한 번씩 엄마가 놀아주려고 앉으면 온유는 '오늘은 뭐 해주려나?' 하는 기대에 찬 눈빛으로 엄마를 쳐다봅니다. 엄마는 구연동화 선생님보다 더 재미있게 목소리도 바꿔가며 온유와 놀아줍니다. 온유의 적극적인 반응을 이끌어내려 엄마는 더 과장되게 더 생동감 넘치는 표정으로 이야기를 들려주지만, 온유는 그저 엄마를 보고 웃을 뿐 이야기에 참여하거나 엄마를 따라 하거나 흉내 내는 일도 없습니다.

집에서 놀 때는 엄마가 알아서 다 해주니까 놀이가 어렵지 않았습니다. 하지만 유치원에서 친구들과 놀 때면 문제가 생깁니다. 선생님이 그러시는데 친구들이 놀자고 하면 잠깐은 같이 놀다가도 얼마 되지 않아 온유 혼자서만 논다고 합니다. 집에서 놀 때는 깔깔 소리 내어 웃는 밝은 아이인데, 유치원에서는 온종일 말 한마디 안 하는 시무룩한 아이라는 말에 엄마는 마음이 아픕니다.

질문 대신 반응해주기

뽀얗고 순해 보이는 온유가 엄마 손을 잡고 밝은 미소를 띠며 상담실로 들어옵니다. 이야기를 나누는 동안 온유는 엄마 옆에 앉아 처음에 들어올 때 엄마가 건네준 장난감을 가지고 조용히 혼자 놉니다. 한참을 그렇게 놀다가 지루해졌는지 그냥 엄마랑 선생님이 대화하는 것을 바라보고 있습니다. 이렇게 얌전한 온유를 보며 사람들은 "이런 아이라면 열이라도 키우겠다."라며 엄마를 부러워합니다. 남의 속도 모르고 말입니다.

놀이실로 들어온 온유는 가만히 엄마 손을 잡고 서 있습니다. 엄마가 "온유야, 이거 같이 해볼까?" 하며 온유가 좋아하는 자동차를 꺼내니 환하게 웃으며 고개를 끄덕입니다. "온유는 파랑 빠방이 할 거야?" 하고 엄마가 물으며 파란색 자동차를 내밀자 이번에도 고개를 끄덕이며 자동차를 받습니다. "사람도 태울까?" 하고 엄마가 다시 물어보자 온유는 사람 인형을 찾아와 자동차에 태웁니다. 그리고 엄마를 빤히 쳐다봅니다. 마치 '엄마 그다음에 또 뭐할까?'라고 눈으로 물으며, 엄마가 뭔가 말해주기를 기다리는 것 같습니다.

이렇게 엄마는 질문을 계속하며 온유와의 놀이를 주도합니다. 온유도 엄마가 하자는 대로 놉니다. 그리고 엄마가 다음에는 무엇을 선택해줄지 기다립니다. 엄마는 온유가 스스로 선택하고 놀이를 주도하기 원하지만, 온유가 가만히 있기 때문에 결국 엄마가 놀이를 이끌어 가는 일이 되풀이됩니다.

무언가를 스스로 선택하거나 먼저 하자는 법이 없는 온유는 주도성이 부족한 아이입니다. '주도성'은 부모나 어른들의 지시를 따르지 않고 아이 스스로 활동을 이끌어가는 정도를 말하는데, 이는 아이의 인지발달에 있어 중요한 요소입니다. 아이가 활동을 선택하고 그 활동을 주도적으로 이끌어가는 상황에서 상대방과의 상호작용이 더 오랫동안 이루어지고, 학습의 효과도 더 크기 때문입니다.

수동적인 온유가 걱정된 엄마는 적극적인 태도를 키워주기 위해 언제나 아이의 의견을 먼저 물었습니다. 하지만 문제는 엄마의 수없이 많은 질문에 있었습니다. 그동안 엄마는 온유에게 묻고, 온유가 답하는 식으로 아이에게 선택권을 주고 있다고 생각했었습니다. 그러나 곁에 있는 어른이 질문을 하면 할수록 정작 아이가 상황을 주도할 기회는 줄어들게 됩니다.

아이의 주체성을 높이기 위해서는 대화나 놀이를 할 때 질문을 던져 상황을 주도하는 대신 아이가 하는 말이나 행동을 받아주거나 호응해주는 방식으로 아이가 먼저 상황을 이끌어가게 해야 합니다. 질문 없이도 아이와 의사소통을 하는 방법을 소개하며 엄마가 쉽게 이해할 수 있도록 직접 온유와 노는 모습을 보여드렸습니다.

먼저 온유와 마주 앉아 눈을 맞추며 온유의 시선을 따라갑니다. 그리고 온유가 원하는 놀이를 스스로 선택하기를 기다립니다.

조용한 가운데 온유가 기차를 들고 "치치" 하고 소리를 냅니다.

바로 "치치" 하고 반응해줍니다.

다시 온유가 "칙칙" 합니다.

이번에도 바로 "칙칙" 하고 반응해줍니다.

온유는 씩 웃으며 선생님을 쳐다봅니다. 그리고 "칙칙폭폭" 하고 소리를 냅니다.

선생님도 온유를 쳐다보고 웃으며 "칙칙폭폭" 하고 따라 합니다.

이번엔 온유가 인형을 건네며 "타!"라고 합니다.

온유가 말한 대로 인형을 기차에 태우며 "타!" 하고 온유의 말에 대답하듯 반응해줍니다.

온유는 기차를 밀며 "출발!" 하고 외칩니다.

선생님도 "출발!"이라고 외치며 기차를 출발시킵니다.

엄마는 깜짝 놀랐습니다. 온유는 누군가가 이끌어줘야 하는 아이라고 생각했습니다. 그런데 선생님과 노는 모습을 보니, '온유도 기다려주니까 놀이를 주도할 수 있구나!' 하는 사실을 알게 되었습니다.

네가 이끄는 대로

전에는 어린이집이 끝나고 돌아온 온유를 반기며 "온유야, 오늘 어린이집에서 뭐 했어?" "선생님 말씀 잘 들었어?" "밥은 잘 먹었어?" "어떤 반찬 나왔어?" 하고 질문을 던지는 것이 엄마의 인사였습니다.

그런데 이제는 온유가 엄마에게 달려오면, 아이를 안아주고 밝게 웃어줍니다. 그리고 온유의 반응을 기다립니다. 아무 말도 안 하니까 잠시 어색한 침묵이 흐르긴 하지만, 엄마는 뭔가 질문을 하면서 온유의 반응을 이끌어내야 할 것 같은 의무감을 꾹 참습니다.

온유의 손을 꼭 잡고 집으로 가는 길, 엄마는 온유가 좋아하는 빵집에 들렀습니다. 평소 같으면 "온유야, 우유 마실까? 빵은 뽀로로 빵?" 하고 먼저 물었을 텐데, 오늘은 다릅니다.

엄마는 온유와 같이 빵 판매대를 한 바퀴 천천히 돌았습니다. 그랬더니 온유가 "엄마는 커피 마셔. 나는 우유!"라고 말을 합니다. 온유의 이런 반응이 너무 반가운 엄마는 "그래, 엄마는 커피 먹고 온유는 우유 먹자."라고 대답하며 커피와 우유를 주문했습니다.

그리고 다시 아이를 쳐다보자 온유는 "엄마, 우리 저기 앉자."라고 말하며 엄마의 손을 끌고 찜해 놓은 자리로 갑니다. 물어보지도 않았는데 앉고 싶은 자리를 알아서 고른 데다가 엄마까지 끌고 가다니, 앞장서는 온유의 모습이 신기한 엄마는 "그래! 우리 저기 앉자."라고 맞장구를 치며 아이가 원하는 자리에 앉았습니다. 엄마는 온유가 스스로 주도하는 일상의 즐거움을 알아가는 것 같아 뿌듯한 기분입니다.

우리 집 대장 온유

요즘 온유는 스스로 선택하고 원하는 방식대로 엄마와 노는 재미에 푹 빠졌습니다. 엄마가 뭔가를 시키기 전까지 의견을 낸 적이 없는 수줍은 아이였건만, 이제 온유는 우리 집 대장이 되었습니다.

아침밥을 먹을 때도 "엄마 여기 앉아. 아빠는 여기. 온유는 여기 앉을래." 하며 자리를 정해줍니다. 그럴 때면 엄마 아빠도 이미 자리 잡고 앉았다가도 온유가 시키는 대로 자리를 이동합니다. 그러면 온유는 방긋 웃으며 좋아합니다. 식구들이 자리에 앉으면 온유는 "밥 먹기 시작!"이라고 외칩니다. 그러면 모두 웃으며 숟가락을 듭니다.

놀 때도 마찬가지입니다. "엄마, 술래잡기 하자! 엄마가 술래 해." 하며 활동적인 놀이를 즐겨 합니다. "엄마, 이번엔 내가 술래 할게."라고 말하며 놀이 중에도 계속해서 활동을 주도하고, 새로운 게임을 또 생각하기도 하고요. "엄마, 내가 준비 땅 하면 움직이는 거야." 하며 새로운 놀이 규칙도 만들어냅니다. 친구들과 놀 때면 누군가가 놀자고 말해줘야 놀이에 낄 수 있었는데, 지금은 "나랑 같이 이거 하면서 놀자."라고 말하며 친구들에게 먼저 다가갑니다.

말수가 부쩍 많아진 온유는 이제 새로운 것에 도전하는 것을 반깁니다. 엄마는 아이가 상황을 주도하기를 기다려주고, 아이가 이끄는 대로 따라가 준 것이 온유를 이렇게까지 성장시켰다는 게 놀라울 따름입니다.

질문 없이 의사소통하기

많은 부모들이 아이에게 "이거 해! 그렇게 하지 말고 이렇게 해!"라고 명령하지 않으니까 아이를 통제하지 않는다고 착각합니다. 하지만 "이거 해볼까? 이렇게 하는 게 좋을 것 같은데?"라는 질문 역시 아이가 주도적으로 행동할 기회를 없애고 수동적으로 만듭니다.

아이를 통제하고 지시하는 대화에서 벗어나는 방법의 하나는 바로 질문하는 횟수를 줄이는 것입니다. 아이와 '질문형' 문장을 사용하지 않고 대화해보세요. 그리고 아이의 말과 행동을 그대로 따라 하거나 즐겁고 재미있다는 표현을 해주세요.

질문하는 것을 멈춰보면 그동안 아이에게 얼마나 지시적으로 말했는지를 금방 깨닫게 됩니다. 아이와 놀아주고 대화할 때 부모가 던지는 질문만큼 아이가 상황을 주도할 기회는 줄어든다는 것을 기억하세요.

이렇게 해보세요 ▶ 셀프 모니터링

아이와 함께 있는 모습을 촬영한 후 셀프 모니터링을 해보는 것은 평소 아이와 어떻게 상호작용하고 있는지 확인하는 데 많은 도움이 됩니다. 촬영한 영상을 보면서 아이와 상호작용하는 본인의 모습을 객관적으로 점검할 수 있기 때문입니다.

아이와 놀아주는 장면을 엄마와 아이의 얼굴이 모두 잘 보이게 카메라 각도를 맞춘 다음 10분간 찍습니다. 그리고 동영상을 보면서 다음 항목들을 체크하며 자가평가를 해보세요.

- 아이의 눈을 바라보고 있는가?
- 아이와의 놀이는 즐거운가?
- 누가 놀이를 주도하고 있는가?

특히 '질문 없이 의사소통하기' 전략을 점검하기 위해 10분 동안 얼마나 많은 질문을 했는지 질문 개수를 적어보는 것도 도움이 됩니다.

셀프 모니터링 이후에는 원래 방식대로 놀았을 때와 질문 없이 의사소통하며 놀았을 때 아이의 반응이 어떻게 다른지 비교해보세요. 아이가 어떨 때 놀이를 주도하는지 확연히 알 수 있습니다.

원래 방식대로 놀기	질문 없이 의사소통하며 놀기
아이: 기차 엄마: 우와! 이게 무슨 색이야?	아이: 기차 엄마: 기차네.
아이: 빨간색 엄마: 누가 타?	아이: 칙칙폭폭 엄마: 칙칙폭폭
아이: 엄마 엄마: 기차 타고 어디 가?	아이: 출발! 엄마 타. 엄마: 응, 엄마 타.
아이: 집	아이: 아빠 타.

우리 아이가 ADHD인가요?

일곱 살 현빈이는 언제 어디로 튈지 모르는 럭비공 같습니다. 또래 아이들을 보면 차분하게 한 가지 놀이에 집중만 잘하던데, 현빈이는 금세 질려하고 다른 곳으로 주의를 돌립니다. 현빈이가 노는 것을 보면 세 살 아래인 동생과 차이를 못 느낄 정도입니다.

집에서는 주로 소파에서 뛰어 내리기나 제자리에서 쿵쿵 뛰고 놉니다. 한번은 소파 위에서 뛰어다니다가 소파 옆에 있는 커다란 TV가 앞으로 떨어져 부서져 버린 적도 있습니다.

엄마는 하루에도 수십 번 현빈이에게 뛰지 말라는 말을 하지만, 그때뿐입니다. 산만하고 시끄러운 현빈이의 행동에 참다못한 아빠가 큰소리로 현빈이를 야단치면, 그때서야 조용해져 방에 들어가 훌쩍훌쩍 우는 것이 현빈이의 일과가 되었을 정도입니다.

유치원에서도 마찬가지입니다. 수업 시간에 그룹 활동에 참여하지 않고 자기 마음대로 돌아다니거나 산만하게 행동을 해서 주의를 줘도 말을 잘 듣지 않는다는 얘기를 들었습니다. 자유놀이 시간에도 장난감을 가지고 친구들과 어울려 놀기보다 혼자 이리저리 뛰어다니며 몸으로 노는 일이 많다고 합니다.

엄마는 현빈이가 왜 항상 이리저리 뛰어다니면서 몸으로만 노는지 생각해봐도 뚜렷한 이유를 찾을 수가 없습니다. 현빈이가 다른 것에 관심을 갖게 되고 놀이 수준도 높아지면 산만한 태도가 나아질까 해서 장난감도 이것저것 사줘보고, 노는 방법도 가르쳐봤지만 소용이 없었습니다.

도통 가만히 있지 못하고, 산만하게 구는 현빈이가 혹시 ADHD가 아닌지 걱정되어 병원에서 검사도 받아보았습니다. 다행히 ADHD는 아니라는 진단을 받았습니다만, 전반적으로 발달이 늦다는 이야기에 엄마의 고민은 깊어집니다.

환경을 바꿔보기

작은 키, 마른 체격에 장난기 가득한 얼굴의 현빈이는 막상 상담실에 와서는 쑥스러운지 묻는 말에 대답도 잘 안 하고 고개만 숙입니다. 현빈이가 평소 어떻게 노는지 알아보기 위해 현빈이와 엄마의 놀이 활동을 지켜봤습니다. 엄마는 수납장에 있는 장난감을 하나씩 꺼내서 현빈이에게 보여줍니다.

"현빈아, 이거 재미있겠다. 이거 해보자. 이리와."

현빈이는 엄마 말이 안 들리는 듯 저쪽 구석에서 큰 자동차를 타고 왔다 갔다 하며 놉니다.

"현빈아! 엄마랑 이거 하고 놀자. 자동차 그만 타고 이리와."

아이를 억지로 데려와 앉혔지만 몸만 엄마 앞에 앉아있을 뿐 현빈이의 시선은 딴 곳을 향해 있습니다. 엄마는 장난감을 이것저것 보여주며 현빈이의 관심을 끌려고 노력하지만 번번이 실패합니다.

현빈이처럼 어떠한 대상에 좀처럼 흥미를 보이지 않는 아이의 경우 부모의 적극적인 개입은 오히려 부정적인 결과를 가져올 때가 많습니다. 아이의 놀이 수준을 끌어올리고, 장난감에 흥미를 붙일 수 있게 노력한 엄마의 행동이 오히려 현빈이 스스로 흥미와 관심사를 발견할 기회를 놓치게 만든 것입니다.

그 어떤 외부적 개입 없이 스스로 흥미와 관심사를 발견할 때 아이는 그 활동에 오랜 시간 머물며 집중할 수 있습니다. 따라서 아이 스스로 관심사와 흥미를 발견할 수 있도록 주변을 탐색하는 능력을 높여주기 위해 환경을 바꿔보기로 했습니다. 환경을 변화시키는 것은 거창한 것이 아닙니다. 친숙한 공간에 작은 변화를 만드는 것만으로 아이의 관심과 흥미를 유발할 수 있습니다.

예를 들어 항상 같은 자리에 놓여있던 장난감을 다른 자리로 옮겨

보고, 아이가 너무 좋아해서 수백 번 보았던 책들도 몇 권만 남겨두고 자리를 바꿔봅니다. 그리고 아이의 관심을 끌 만한 새로운 장난감들을 자주 손을 뻗는 자리에 놓아봅니다. 놀이터를 갈 때도 항상 가던 집 앞 놀이터가 아니라 새로운 놀이터에 가봅니다. 환경을 조금씩 바꿔 계속해서 새로운 자극을 줌으로써 아이가 새로운 대상을 탐색하고 흥미와 관심을 갖도록 유도합니다.

특별한 '현빈이 방'

현빈이가 주로 생활하는 공간인 거실부터 변화를 주기로 했습니다. 아빠는 소파를 없애자는 의견을 냈습니다. 소파가 없으면 현빈이가 집에서 뛰며 노는 일이 덜 하지 않을까 하는 생각 때문입니다. 하지만 엄마는 소파를 없애서 현빈이가 뛰는 것을 못 하게 하는 것보다 현빈이가 맘껏 뛰어 놀아도 되는 환경을 만들어주는 것이 좋겠다는 의견입니다. 그래야 현빈이의 넘치는 에너지도 어느 정도 해소가 되고 현빈이가 혼나는 일도 줄어들 것으로 생각했기 때문입니다. 상의 끝에 엄마와 아빠는 현빈이를 위한 방을 새로 꾸며주기로 했습니다.

그래서 방에 쌓여있던 짐들과 자리만 차지하고 현빈이가 가지고 놀지 않던 장난감들을 정리했습니다. 그 대신 바닥에는 현빈이의 안전을 위해 푹신한 매트를 깔았습니다. 동생이랑 둘이 뛰어도 여유가 있는 커다란 트램펄린도 방에 설치했습니다. 신나게 뛰며 재미있게 보라고 벽걸이 TV도 달아주었습니다.

그 외에는 현빈이가 뛰고 바닥을 굴러도 다치지 않게 아무것도 놓지 않았습니다. 한쪽 구석 조그만 장에 보드게임, 레고 블록 같은 몇 가지 장난감만 놓았을 뿐입니다.

방이 정리된 후 엄마가 '현빈이 방'이라고 방문에 예쁘게 팻말도 걸어주었습니다. 아빠는 방을 보여주며 현빈에게 자세히 설명해줍니다.

"현빈아, 이제 여기가 현빈이 방이니까 여기서 엄마랑 아빠랑 재미있게 놀자. 트램펄린에서 실컷 뛰어놀아도 좋아. 만화영화가 보고 싶으면 말해. 아빠가 TV 틀어줄게. 그리고 저기 있는 보드게임도 하고 싶으면 언제든 말해. 아빠랑 엄마랑 같이 하자."

주변 모든 것이 장난감

현빈이는 요즘 하루하루가 행복합니다. 방이 생긴 것 자체가 기분이 좋은 데다가 엄마 아빠가 일주일 동안 현빈이를 위해 청소도 하고 짐도 나르고 예쁜 매트도 깔아준 모든 과정이 현빈이의 마음을 행복하게 만들어주었기 때문입니다. 그리고 늘 무섭던 아빠와 잔소리 대장이던 엄마가 앞으로는 같이 놀아주겠다고 하니 이보다 더 신날 수가 없습니다.

유치원에서 돌아온 현빈이는 자기 방으로 뛰어 들어갑니다. 그러고는 트램펄린 위로 올라가서 신나게 뜁니다. 방으로 들어온 엄마가 현빈이의 모습을 지켜봐주자 신이 나서 엄마 보란 듯이 트램펄린 위에서 앉았다 일어났다 하며 여러 가지 묘기를 보여줍니다. 또 갑자기 엄마에게 손을 잡으라고 하더니 엄마 손을 잡고 점프를 하기도 합니다.

이렇게 현빈이와 즐겁게 지낸 게 얼마 만인지 엄마는 이 모든 변화가 신기하기만 합니다. 아빠도 현빈이와 놀아주는 시간이 늘어났습니다. 그동안 악역을 담당했던 아빠는 이제 현빈이의 즐거운 놀이 파트너입니다. 아빠 등에 올라타거나 레슬링을 하며 재미있게 놉니다.

다칠 위험 없이 방에서 실컷 뛰며 노니까 더 이상 현빈이를 혼낼 일도 잔소리할 일도 없습니다. 아빠의 큰소리, 엄마의 한숨 소리가 사라지고 집안 분위기가 밝아지니 작은아이가 불안해하거나 칭얼대는 것도 없어졌고요. 가족들과 소통하는 시간이 늘어나면서 트램펄린에서 보내는 시간도 자연스럽게 줄어들게 되었습니다.

이제 현빈이는 혼자 뛰며 노는 것보다 엄마랑 아빠랑 다 같이 하는 놀이에 관심을 보입니다. 먼저 하자고 얘기한 사람도 없는데 현빈이가 보드게임을 가져와 같이 놀자고 합니다. 처음엔 어떻게 하는 건지 몰라 그냥 자기가 하고 싶은 대로 이상한 규칙을 만들어 놀더니, 요즘은 "이 게임은 어떻게 하는 거예요?" 하고 묻습니다. 그리고 엄마가 방법을 설명해주면 귀를 쫑긋하고 듣고 있다가 곧잘 이해하고 가르쳐 준 대로 놀이를 합니다.

엄마는 수납장을 한 번씩 정리해서 장난감 위치를 바꿔줍니다. 많이 가지고 놀았던 장난감은 위 칸으로 올리고, 꺼내기 쉬운 칸에는 새로운 블록이나 보드게임을 놓습니다. 그리고 혹시나 관심이 있을까 싶어 색칠공부 책도 꽂아봅니다. 엄마가 한 번씩 "우리 색칠공부하고 놀까?" 하면 길게는 아니어도 잠깐잠깐 색칠놀이를 하거든요.

 엄마 말도 잘 들어 외출하기도 수월해졌습니다. 그래서 시간이 날 때면 넓은 공원이나 숲에 데려갑니다. 전에는 집에만 있거나 어디를 가도 사람이 많은 곳은 피했습니다. 남에게 피해를 줄까 봐 계속 현빈이를 단속하고 혼내는 일이 서로에게 스트레스였기 때문입니다. 그런데 이제는 될 수 있으면 새로운 환경에서 아이가 마음껏 뛰어놀며 에너지를 발산할 수 있게 해줍니다.

 공원에서 현빈이는 작은 돌멩이를 모아서 엄마 얼굴을 땅에 그려보기도 하고, 나뭇잎을 모아서 옷을 만들어보기도 하면서 신나고 자유롭게 놉니다. 주변을 탐색하는 능력이 향상되니 어디를 가도 무엇을 봐도 모두 현빈이의 놀잇감이 됩니다. 스스로 이렇게 저렇게 해보려는 시도 속에서 현빈이는 많은 것을 배우며 성장해갑니다.

환경 변화시키기

아이에게 이전과는 다른 방식으로 무엇인가 탐색할 거리를 주기 위해 주변 환경을 변화시켜주세요. 항상 같은 자리에 놓여있던 장난감이나 도구들을 다른 자리로 옮겨 배치를 달리하는 것만으로 큰 효과가 나타납니다. 이러한 변화들은 아이의 융통성을 높이고 의식화된 행동에서 벗어나 창의적인 사고를 하는 데도 도움이 됩니다.

단, 아이가 좋아하는 물건을 부모 마음대로 없애버리는 것은 바람직하지 않습니다. 그렇게 되면 아이는 새로운 것에 관심을 두기보다 자기가 좋아하는 물건이 없어진 것에 대한 상실감과 분노로 힘들어합니다.

이렇게 해보세요 — 장난감 고르기

1. 발달 연령을 고려하여 장난감을 선택해주세요.

    아이가 여섯 살이라도 아직 장난감을 입에 넣고 빠는 수준이라면, 복잡하게 조작하고 만들어야 하는 장난감은 의미 있게 가지고 놀 수 없습니다. 실제 연령이 아닌 발달 연령에 맞는 장난감을 선택해주세요.

연령별 장난감 목록

	다양한 감각 자극을 충분히 줄 수 있는 놀잇감
0~1세	0~3개월: 모빌, 멜로디 장난감, 딸랑이, 바운서 4~6개월: 치아발육기, 말랑말랑한 공, 헝겊 책, 아기체육관 7~12개월: 두드릴 수 있는 악기(북, 실로폰), 걸음마 보조기, 누르면 소리 나는 장난감, 커다란 천 블록

2~3세	**신체활동에 좋은 놀잇감** 터널, 낮은 미끄럼틀, 흔들 목마, 컵 쌓기, 퍼즐, 모양 맞추기, 점토, 모래놀이, 자동차
3~4세	**스스로 조작하고 변형할 수 있는 놀잇감** 역할놀이(주방놀이, 병원놀이, 시장놀이), 공구놀이, 종이 벽돌, 건반 악기, 주차장 놀이
5~7세	**더 복잡한 순서와 규칙이 있는 놀잇감** 보드게임, 다양한 블록, 변신로봇, 미술용품, 인형, 인형의 집

2. 주기적으로 아이의 놀이 환경에 변화를 주려면 장난감을 빌릴 수 있는 장난감 도서관을 이용하는 것도 좋은 방법입니다.

3. 아이가 선택한 장난감을 아이가 원하는 방식대로 놀아주세요.

느리지만 괜찮아

다섯 살 행복이는 21개월 무렵 전반적으로 발달이 늦다는 진단을 받았습니다. 그런 행복이를 위해 엄마 아빠가 열심히 노력한 덕분에 다섯 살이 된 현재는 부모와 상호작용도 잘 이루어지고 일상에서 의사소통하는 데도 큰 어려움이 없습니다. 물론 또래 친구보다는 부족한 점은 있지만 그 차이가 점점 좁혀지고 있어 다행입니다.

행복이는 다섯 살이 되고 나서야 엄마랑 떨어져서 유치원 생활을 시작했습니다. 처음에는 행복이가 유치원에 다니는 것만으로도 감사했는데, 행복이가 수업에 참여하는 데 어려움이 있다는 얘기를 들을 때마다 엄마는 조바심이 납니다.

행복이는 자기가 좋아하는 영어수업은 참여도 잘 하고 집에 와서도 책을 들여다보며 한참을 스스로 공부를 합니다. 그런데 크레파스로 색칠을 하거나 가위질과 같이 자기가 잘하지 못하는 활동은 좀처럼 하려고 들지 않습니다. 조금이라도 힘들거나 어려운 활동은 쉽게 포기해버리고 시도조차 하지 않으려는 행복이의 습관을 바꾸기 위해 엄마는 시간을 정해서 선 긋기와 가위질 연습을 시켰습니다.

그런데 행복이는 연습 시간만 되면 울상이 되어 온몸을 비틀고 하기 싫다며 난리가 납니다. 가위질 한 번 시키려고 얼마나 실랑이를 하는지 엄마는 화를 잘 내지 않는 편인데도 큰소리를 내고 맙니다. 이런 과정이 계속되자 엄마와의 관계에도 균열이 생기기 시작했고, 결국 행복이가 혼자 노는 시간이 늘어났습니다.

하기 싫은 것도 엄마랑 같이

네 살 때 발달 문제로 상담실에 온 적 있는 행복이는 한 해가 지나 더 의젓해진 모습입니다. 그동안 엄마는 아이가 주도하는 대로, 아이가 원하는 방식대로 따라주고 반응해주었습니다. 그 덕분에 행복이는 엄마와의 상호작용도, 다른 사람과의 의사소통도 잘하게 되었지요. 그런데 행복이가 어려워하는 과제들을 집에서 연습시키면서 다시 문제가 불거졌습니다.

행복이는 도전적인 과제에 대처하는 능력이 부족한 아이입니다. 딱 봐서 어려울 것 같거나 익숙하지 않은 활동을 계속해서 시도하는 것에 큰 스트레스를 받습니다. 그러나 아이의 문제 해결 능력을 키워주고 효과적인 학습이 이루어지기 위해서는 낯설고 어려운 과제라도 계속해서 도전해보는 것이 중요합니다.

이때 주의할 점은 아이 수준에 지나치게 어려운 문제를 해결하도록 요구하거나 일방적으로 가르치려 해서는 안 된다는 것입니다. 싫어하는 과제를 강요하다 보면 아이는 금방 지치게 되고, 나중에는 그 문제 자체를 피하게 됩니다. 계속해서 학습하도록 독려하는 대신 아이가 하고 싶어 하는 활동을 중심으로 아이의 능동적 참여를 이끌어내는 방법을 사용하면 아이의 문제 해결 능력을 자연스럽게 신장시킬 수 있습니다.

'목적을 가지고 놀이하기'는 그러한 방법 가운데 하나로 어른이 먼저 간단하게 모델링을 제시한 후 아이가 어떻게 반응하는지를 살펴보는 방법입니다. 놀이 과정에서 아이가 모델링한 대로 잘 따라와 준다면 좀 더 목적성이 강한 활동으로 이끌어줍니다. 만약 아이가 관심을 보이지 않거나 하고 싶어 하지 않는다면 활동을 멈추고, 아이가 원하는 활동을 지지해줍니다.

엄마는 상담 시간에 배운 대로 아이와 목적을 갖고 놀이 활동을 해봅니다. 행복이가 자동차 트랙을 끼우기 시작하자 엄마도 트랙을 따라 끼웁니다. 자동차 트랙이 완성되자 엄마는 트랙 위에 살며시 차단기를 올려놔 봅니다. 그리고 행복이의 반응을 살핍니다. 행복이가 특별히 거부하는 반응을 보이지 않는 것을 확인하고는 행복이도 해보라고 표지판 하나를 건넵니다. 그러자 행복이가 표지판을 보고 "멈춤"이라고 말하며 트랙에 표지판을 세웁니다. 엄마도 웃으며 "멈춤" 하고 행복이의 말을 따라 합니다.

이처럼 목적 있는 활동으로 아이를 이끌기 위해서는 먼저 아이의 목적 없는 행동에 반응해줄 필요가 있습니다. 이때 놀이는 아이가 하고 싶어 하는 것이나 좋아하는 것으로 시작합니다. 놀이 과정에서 무조건 목적대로 이끌려고 하지 말고, 아이의 반응을 주의 깊게 살피며 좀 더 높은 수준의 놀이를 시도해볼지, 아니면 아이가 원하는 대로 따라줄지를 재빨리 판단합니다. 아이의 관심사가 너무 한정적인 경우 새로운 놀이를 제시해주는 것도 좋습니다.

엄마표 학습놀이

엄마는 행복이가 적극적으로 참여할 만한 놀이를 준비합니다. 바로 한글, 숫자, 알파벳을 주제로 한 엄마표 학습놀이입니다. 엄마가 칠판에 한글, 영어, 숫자 자석을 붙이기 시작하자 행복이가 칠판 앞으로 쪼르르 다가옵니다. 평소에는 행복이 혼자 "에이, 비, 시, 디" 이렇게 말하며 칠판에 자석을 붙였다 떼었다 하며 놀았습니다.

그런데 오늘은 엄마가 "시, 에이, 티"라고 말하면서 행복이에게 알파벳을 찾아서 붙여보라고 합니다. 행복이는 환한 미소를 띄며 자석을 찾아 붙입니다. 그러고는 스스로 "시, 에이, 티"라고 큰 소리로 읽습니다. 엄마가 "고양이"라고 뜻을 말해줬더니 행복이도 "고양이" 하고 따라 말합니다. 이렇게 간단한 단어를 엄마가 불러주면 알파벳을 찾는 놀이는 어느새 행복이가 가장 좋아하는 놀이가 되었습니다.

어느 날 엄마는 깜짝 놀랐습니다. 행복이가 칠판에 'DOG'를 붙여 놓고 엄마에게 "개"라고 말했기 때문입니다. 짧은 시간 동안 행복이는 엄마가 짐작했던 것보다 훨씬 더 많은 글자들을 익혔나봅니다. 엄마는 이제 행복이가 잘하지 못하는 활동에 도전해보기로 합니다. 예전에는 가위질을 연습시킬 때, 무조건 가위를 아이 손에 쥐여주고 종이를 자르게 시켰습니다. 하지만 이번에는 접근 방법부터 달리했습니다.

엄마는 인터넷으로 대량 주문한 알록달록한 시트지에 행복이가 불러주는 한글, 숫자, 알파벳을 예쁘게 그립니다. 그리고 가위로 글자 하나를 오려서 창문에 붙였습니다. 그런 다음 아이에게 가위를 건네며 "행복이도 해봐." 했더니 웬일인지 행복이가 가위질을 합니다. 마음대로 가위질이 잘 되지 않아 삐뚤빼뚤하고 시간도 오래 걸리지만 포기하지 않고 끝까지 오립니다.

엄마는 행복이가 자른 글자, '행복이'를 창문에 보기 좋게 붙여주었습니다. 그랬더니 행복이는 더 열심히 시트지를 오립니다. 그리고 이번엔 행복이가 붙입니다. 'CAT', '1234', '사랑해요' 등 커다란 거실 창문에 잔뜩 행복이의 작품이 붙여집니다.

스스로 성장하는 행복이

행복이는 엄마와 함께 한글놀이, 숫자놀이, 영어놀이를 즐겁게 하다 보니 또래 친구들보다 한글, 숫자, 영어에 대한 학습 수준이 월등히 높아졌습니다. 억지로 시키고 가르치려 했을 때보다 더 많은 일들을 스스로 하는 행복이를 볼 때면 엄마는 행복합니다.

소근육 사용이 정교하지 못해서 손으로 하는 활동은 모두 하기 싫어했던 행복이가 시트지를 오린 것을 시작으로 연필을 잡고선 그림을 그리려고 노력합니다. 동그라미에 까치 머리를 그려놓고 "엄마"라고 말하며 밝게 웃습니다. 선 한 줄 그리는 것도 엄마와 날카로운 신경전을 벌인 후 성의 없이 찍 긋는 것이 다인 아이였는데, 이젠 어려워하는 일도 일단 해보려고 노력하는 모습이 너무 기특합니다.

숫자를 좋아하는 행복이는 차량 번호판의 숫자를 읽는 것을 좋아합니다. 주차되어 있는 차를 지날 때 행복이가 "일사팔구"라고 번호판을 읽으면, 엄마는 "천사백팔십구"라고 말해줍니다. 그러면 행복이는 "천사백팔십구"라고 따라 읽습니다.

아파트 벽에 있는 동 호수를 보고 행복이가 "일공사"라고 읽으면, 엄마는 "백~사" 하고 추임새를 넣습니다. 그러면 행복이도 엄마를 쳐다보면서 "백~사!"라고 외칩니다. 그냥 집으로 오는 길에 보이는 대로 읽어줬을 뿐인데 어느새 행복이는 백 단위, 천 단위까지 수 개념을 익히게 되었습니다.

예전에는 행복이가 잘하지 못하는 것에 초점을 맞추고 어떻게 하면 부족한 부분을 채워줄 수 있을까 고민했다면, 이제는 행복이의 흥미와 관심이 어디에 있는지 유심히 살펴보고, 거기에서부터 하나둘씩 활동을 확장해 나갑니다.

무작정 아이를 다그칠 때는 관계만 틀어지고 결과도 좋지 않았는데, 방법을 달리하니 아이도 좋아할뿐더러 효과도 훨씬 좋으니 엄마는 왜 진즉에 이렇게 해주지 못했나 후회가 될 정도입니다.

목적을 가지고 놀이하기

　목적지향적 행동을 이끌어내기 위해서는 아이의 목적 없는 행동에 반응해주는 것이 중요합니다. 아이의 행동을 따라 하다가 아이가 할 수 있는 간단한 행동 모델을 제시해줍니다. 리모델링한 대로 잘 따라온다면, 좀 더 목적 있는 활동을 하도록 계속 이끌어줍니다. 단, 아이가 거부하거나 별로 하고 싶어 하지 않는다면 아이가 원하는 활동을 하도록 지지해주세요.

이렇게 해보세요 — 엄마표 미술놀이

1. 하얀 전지에 갈색 나뭇가지를 그려둡니다.
2. 아이에게 나뭇가지에 나뭇잎을 그려보게 합니다.
3. 아이가 나뭇잎을 그리면, 아이가 그리는 모양대로 나뭇잎을 같이 그려줍니다
4. 그림이 완성되면 나무에 어울릴 만한 곤충이나 동물이 뭐가 있을지 아이와 이야기를 나눕니다.
5. 아이가 말한 곤충이나 동물을 종이접기나 손도장 찍기 등을 이용해 함께 만들어봅니다.
6. 아이가 좋아하는 글자들을 라벨지에 출력하여 의미가 통하는 단어를 만들어보게 합니다. 만약 아이가 단어를 만드는 것을 어려워한다면 힌트를 제공하는 식으로 아이 스스로 단어를 완성할 수 있게 도와줍니다.

놀이 활동 사례

'공부'라는 전쟁에서

유진이는 1kg 미숙아로 태어났습니다. 워낙 약하게 태어난 아이라 엄마는 유진이가 건강하게 자라주는 것만으로도 감사했습니다. 또래와 비교해 아기 같은 말투를 쓰고 표현력이 부족한 부분은 있었지만 크게 문제가 될 정도는 아니었습니다. 그래서 엄마는 때가 되면 괜찮아지겠지 하는 마음으로 기다릴 수가 있었습니다. 여유 있게 기다리던 엄마가 초조해진 건 유진이가 일곱 살 되는 무렵이었습니다.

유치원에서 초등학교 입학에 대비한 학습이 시작되면서 유진이는 스트레스를 많이 받았습니다. 잘하고 싶은 마음은 굴뚝같은데 마음처럼 되지 않았기 때문입니다. 친구들은 책을 술술 읽는데 유진이는 더듬더듬 겨우 읽습니다. 그래서 한글 수업이 있는 날이면 이 핑계 저 핑계를 대며 유치원에 가기 싫다고 생떼를 부렸습니다.

걱정이 된 엄마는 입학 날짜가 다가오자 집에서 한글공부를 시작했습니다. 그런데 유진이는 '공부하자'라는 말만 들어도 인상부터 찌푸리는 터라 자리에 앉기까지 한참이 걸립니다. 겨우 의자에 앉았다 싶으면 바로 불평이 시작됩니다.

"난 왜 만날 공부만 해야 해? 공부하기 싫단 말이야!" "난 아무리 해도 안 돼. 모르겠단 말이야!" "난 학교 가기 싫어. 난 공부 못한단 말이야!" 유진이의 온갖 불평에도 엄마는 그래도 해야 한다고 책을 펼칩니다. 하지만 유진이는 공책에 겨우 한 글자 쓰고 딴짓을 합니다. 글씨도 삐뚤빼뚤 알아볼 수가 없을 정도라 엄마도 부글부글 화가 납니다.

"글씨 좀 똑바로 써. 다시 써 봐. 나이가 몇 살인데 글씨가 이게 뭐니?"라고 야단치는 엄마에게 유진이는 "난 글씨 못 써. 원래 그래."라고 짜증을 내며 다시 고쳐 써보려고도 하지 않습니다. 엄마가 계속 제대로 쓰라고 잔소리를 하자 유진이는 "난 못해! 난 바보야!" 하며 소리를 지르다 결국 울어버립니다. 공부는 공부대로 하지도 못하면서 서로 감정만 악화되는 터라 엄마는 공부하는 것을 중단해 버렸습니다.

그런데 초등학교에 입학하고 두 달쯤 지났을 때 사건이 터졌습니다. 글쓰기 발표 시간에 유진이가 느닷없이 울음을 터트린 것입니다. 선생님이 왜 그러냐고 물어도 유진이는 서럽게 울기만 했습니다. 아무것도 쓰여 있지 않은 공책을 들고서는 발표를 할 수 없었기 때문입니다.

그날 이후로 유진이는 사람들과 마주치는 것 자체를 꺼리게 되었습니다. 매일 보던 이모를 만나도 엄마 뒤에 숨어버리고는 인사는커녕 묻는 말에 대답도 하지 않습니다. 엄마한테 말할 때도 귀에 대고 속삭이거나 엄청 작은 소리로 말합니다.

잠도 깊이 자질 못 하고 자다가 깨서 갑자기 울기도 합니다. 식욕도 떨어졌는지 뭐든 잘 먹던 아이가 그렇게 좋아하던 초콜릿을 줘도 먹기 싫다고 합니다. 엄마는 순둥이인 줄 알았던 유진이가 이렇게 스트레스를 이겨내는 힘이 약한 예민한 아이인지 예전에는 미처 몰랐습니다.

억지로가 아니라 재미있게

유진이는 엄마 뒤에 숨어 불안한 표정으로 상담실에 들어옵니다. 고개를 푹 숙인 채 엄마 팔만 붙들고 있다가 엄마가 조금이라도 자기 얘기를 하는 것 같으면 금세 엄마 입을 막아버리거나 하지 말라고 손으로 'X' 표시를 합니다.

혀 짧은 소리는 기본이고 발을 구르며 "엄마 엄마" 하는 모습에 엄마는 잠깐 안아주다가 "유진아 왜 그래? 아기 아니잖아." 하고 내려놓습니다. 그러면 유진이는 더 엄마 품으로 파고듭니다.

엄마는 유진이의 이런 갑작스러운 변화가 당황스럽기만 합니다. 아기가 되어버린 유진이를 안아주면서도 이래도 되는 건지 불안합니다. 뭔가 잘못돼도 크게 잘못된 것 같다는 생각과 함께 '그동안 내 딸을 이렇게 몰랐었나?' 하는 죄책감에 마음이 무겁습니다. 또랑또랑한 목소리로 말도 잘하고 씩씩했던 유진이가 한순간에 산산이 부서져 버린 것 같습니다.

그동안 엄마는 유진이가 학교 공부를 따라갈 수 있도록 많은 노력을 기울였습니다. 그 과정에서 유진이가 시키는 대로 하지 않거나 잘 따라오지 않을 때는 혼을 내거나 끝까지 하도록 강요도 했습니다. 어르고 달래고 윽박도 지르면서 아이와 씨름을 하다 보면 결국 유진이가 시키는 대로 하기는 했기 때문에 엄마는 아이가 싫어하는 일을 억지로라도 하게 했습니다. 지금은 힘들어도 그게 다 유진이에게 도움이 될 거라 생각하고 말입니다.

하지만 아이에게 무리한 학습을 강요하다 보면 집중력이 떨어지는 것은 물론이고 나중에는 공부하는 것 자체를 거부하게 됩니다. 그렇지 않아도 학습에 흥미를 잃은 유진인데 엄마의 공부 강요는 유진이의 상태를 악화시켰고 엄마와의 관계도 멀어지게 만들었습니다.

조금만 어려워도 금방 포기해버리는 유진이는 실행 능력이 부족한 아이입니다. 아이의 실행 능력을 키워주기 위해서는 잘 안 되는 과제에 매달리기보다 아이가 흥미를 느끼는 활동을 충분히 즐기게 해주는 것이 좋습니다. 자기가 잘하는 활동을 주도적으로 하면서 자신감이 붙은 아이는 한 단계 어려운 과제에 도전하는 것을 두려워하지 않게 됩니다.

유진이의 학습에 대한 흥미를 찾아주고 실행 능력을 향상시키기 위한 방법으로 아이와 '재미있게 상호작용하기' 방법을 소개해드렸습니다. 이것은 아이와 보내는 일상 중 3분의 1 정도의 시간을 재미있게 보내려 노력하고 작은 것에도 과장되게 반응해주는 방법으로 실행 능력을 신장시켜줄 뿐만 아니라 다른 사람과의 관계 개선에도 효과적입니다. 왜냐하면 아이는 스트레스를 받을 때보다 즐거운 상태일 때 다른 사람과 더 오랫동안 상호작용을 하면서 쉽게 배우고, 더 오래 기억하기 때문입니다.

강요 없이 즐겁게 공부하기

오늘부터 엄마는 유진이와 '재미있게' 지내기 위해 노력합니다. 학교 수업을 마치고 풀이 죽은 모습으로 집에 돌아온 유진이를 엄마는 생기 있는 표정과 말투로 반겨줍니다. "엄마의 기쁨인 우리 딸, 어서 와. 오늘도 수고 많았어."라고 말하며 유진이를 꼭 안아줍니다.

예상치 못했던 엄마의 반응에 유진이는 얼떨떨하지만 기분은 좋은 눈치입니다. 엄마도 왠지 모르게 낯간지럽고 어색하지만, 동시에 '그동안 참 무뚝뚝한 엄마였구나.' 하는 생각에 반성하는 마음이 듭니다.

"유진아, 간식 먹고 좀 쉬자. 엄마가 유진이랑 같이 놀아줄게."

"정말이야? 진짜 나랑 놀아줄 거야?"

"그럼! 우리 뭐하고 놀까?"

아이가 가져온 블록으로 잠깐 놀아줬을 뿐인데, 유진이는 신이 나서 어쩔 줄 모릅니다. 엄마는 오늘 '숙제하자' '공부하자'는 말을 하지 않았습니다. 그런데 블록 놀이 후 저녁을 먹으며 유진이가 먼저 숙제 얘기를 꺼냅니다.

"근데, 숙제는 언제 해?"

"유진이가 하고 싶을 때 하자."

"숙제는 이따 할 건데…. 오늘 수학은 한 장만 풀면 안 돼?"

"그래, 오늘 수학은 숙제하고 나서 한 장만 풀자. 오케이?"

"응! 오케이!"

전에는 "난 못해. 하나도 모르겠어."라며 공부할 생각조차 안 하는 유진이 때문에 엄마도 화부터 났습니다. 그런데 오늘은 저녁을 먹자마자 책상 앞에 앉아 숙제를 합니다.

"엄마, 이거 잘 모르겠어."

"우리 공주 이게 어렵구나? 엄마선생님이 알려 줄게요. 자, 유진이 학생. 엄마선생님이 하는 거 잘 보세요."

"네, 선생님!"

엄마는 자석칠판도 이용하고 그림도 그려가면서 유진이가 이해하기 쉽게 설명해줍니다. 유진이도 엄마선생님 수업을 지루해하지 않고 꽤 오랫동안 집중해서 듣습니다.

매일 정해진 양을 꾸준히 해야 공부가 늘 거라 생각했을 때는 날마다 숙제를 끝낸 후 수학 4쪽, 국어 4쪽을 풀게 했습니다. 하루 목표량에 매번 도달하지 못하는 유진이를 다그치는 게 엄마의 일상이었지요. 하지만 이제 엄마는 유진이 컨디션에 따라 난이도나 학습량을 조절합니다. 그편이 더 효과적이라는 것을 직접 체험했기 때문입니다.

어려워도 해볼 거야

'재미있게 상호작용하기' 전략을 시작한 초반에는 엄마랑 단둘이 집에만 있겠다고 투정을 부리거나 혀 짧은 소리로 엄마 품에 파고들며 "엄마가 좋아."라고 말하며 수시로 엄마에게 애정 표현을 했습니다. 심지어는 "응애" 하고 아기 울음소리도 냈습니다. 유진이의 이런 모습에 엄마는 당황했지만, "으이구, 우리 아기. 엄마도 우리 아기가 좋아."라고 말하며 유진이가 어리광을 부릴 때마다 꼭 안아주고 엉덩이를 토닥토닥 해주었습니다.

그런데 얼마 지나지 않아 개미처럼 작았던 유진이 목소리가 점점 커지기 시작했습니다. 꿀 먹은 벙어리처럼 학교에서 어떻게 지냈는지, 무슨 일이 있었는지 통 말이 없던 유진이가 조금씩 자기 이야기를 합니다. 하루는 유진이가 학교에서 울음을 터트려 선생님께 전화가 왔던 날의 이야기를 털어놓았습니다. 그때의 기억이 떠올랐는지 눈물이 그렁그렁한 채로 말입니다.

"엄마, 전에 내가 왜 울었는지 알아? 있잖아, 다른 애들은 잘 읽고 잘 쓰는데 난 한 줄도 못 썼거든. 그래서 속상해서 울었어. 나도 잘하고 싶은데…."

"그랬구나, 우리 유진이가 얼마나 속상했을까. 유진이도 잘하고 싶은데 잘 안 돼서 그런 거 엄마도 알아. 괜찮아, 유진아. 엄마랑 집에서 연습하고 있으니까 금방 잘하게 될 거야."

엄마는 울먹이는 유진이를 품에 안고 다독여주었습니다. 그 후로 유진이는 학교에서 있었던 좋았던 일도 속상했던 일도 엄마에게 솔직히 털어놓게 되었습니다.

숙제도 이제 유진이가 알아서 척척 합니다. 엄마가 숙제하라는 말을 꺼내지도 않았는데 "엄마, 나 숙제 먼저 할게." 하며 책상 앞에 앉습니다. 전쟁을 치르듯 매일 2시간씩 걸렸던 숙제도 이제 20분이면 뚝딱 해치웁니다. 하루는 유진이가 너무 졸려 하는 터라 "숙제 다 못해가도 괜찮아. 어서 자."라고 말했는데, 다음 날 일찍 일어나 숙제를 마저 해가는 모습을 보고 얼마나 기특하던지요.

유진이가 가장 싫어하고 잘 되지 않았던 독서 활동에도 큰 변화가 생겼습니다. 한글을 잘 몰라 책읽기를 싫어했던 유진이는 엄마에게 책을 읽어달라고 조르는 일이 많았습니다. 그럴 때마다 엄마는 혼자 읽어야 실력이 늘 거라 생각해 절대 읽어주지 않았습니다. 그러면 유진이는 책을 붙잡고 몇 줄을 읽는 둥 마는 둥 하다가 책을 덮어버리기 일쑤였습니다.

하지만 이제 엄마는 많은 책을 읽어줍니다. 진짜 사자보다 더 사자 같이 으르렁 소리를 내기도 하고 카랑카랑한 할머니 목소리를 내기도 하면서 유진이가 깔깔 웃음을 터트릴 정도로 맛깔나게 책을 읽어줍니다. 그리고 책의 맨 끝 장은 유진이가 읽도록 했습니다. 그러면 마지막 내용이 너무 궁금한 유진이는 더듬거리면서도 책을 읽으려 노력했습니다. 엄마랑 함께 읽으면서 책에 흥미를 붙이게 되니까 이제는 엄마랑 교대로 한 줄씩 번갈아 읽기도 하고, 짧은 동화는 혼자서도 제법 잘 읽습니다.

아직 부족한 부분이 많고, 어려워하는 과제들도 많지만 유진이는 정말 많이 달라졌습니다. "난 못하니까 안 할래!"가 아니라 어려워서 잘하지 못해도 도전해보고 노력하는 의지가 강해졌습니다. 예전에 엄마는 유진이가 전반적으로 발달이 늦고 부족한 부분이 많아 뒤처지지 않으려면 억지로라도 시켜야 한다는 생각으로 항상 조급했습니다. 그래서 유진이의 마음을 들여다볼 여유가 없었습니다.

하지만 이제 엄마는 확실히 깨달았습니다. 공부보다 아이의 마음을 읽어주고 보듬어주는 것이 더 중요하다는 것을요. 그리고 유진이가 스스로 하고 싶도록 동기를 유발해주는 것이 엄마선생님의 역할이라는 것을요.

재미있게 상호작용하기

아이와 지내는 일상 중 3분에 1 정도를 즐거움에 초점을 맞추어 재미있게 상호작용을 해보세요. 아이와 함께하는 시간 동안 너무 많이 혹은 끊임없이 재미있게 보내려 부담을 가질 필요는 없습니다. 매 순간을 항상 재미있게 보낼 수 없거니와 무리해서 애쓰다 보면 엄마도 금방 지치기 때문입니다.

재미있게 상호작용하는 방법 가운데 하나는 아이의 작은 행동에도 과장되게 반응하는 것입니다. 아이가 좋아하는 장난감처럼 행동해서 아이의 관심과 호감을 이끌어내는 것도 좋은 방법입니다.

이렇게 해보세요 — 소품을 이용해 놀이하기

아이가 좋아하는 소품을 이용해보세요. 예를 들어 '뽀로로'를 좋아하는 아이라면 뽀로로 가면을 쓰거나 뽀로로 그림을 옷에 붙이고, 뽀로로처럼 행동해보세요. 자기가 좋아하는 캐릭터로 변신한 엄마에게 아이는 열광적인 반응을 보입니다.

'번개맨'을 좋아하는 아이라면 빨간 보자기를 망토처럼 두르고 아침에 아이를 깨워보세요. 번개맨으로 변신한 엄마 덕분에 아침부터 집안에는 활기가 넘친답니다.

이렇게 해보세요 — 스트레스 줄이기

아이의 스트레스를 줄이기 위해 어떤 상황에서 주로 짜증을 내는지 그 원인부터 파악해봅니다. 예를 들어 머리 감을 때마다 아이가 운다거나 짜증을 낸다면 씻기는 방법을 달리해봅니다. 눈과 귀에 물이 들어가는 것을 막아주는 샴푸의자나 헤어캡을 이용하거나 순한 샴푸로 바꿔보세요. 방법을 달리하며 어떨 때 아이의 짜증이 줄어드는지 확인합니다.

이를 닦을 때마다 도망치는 아이라면 요령 없이 거칠게 이를 닦아줘서 싫어하는지, 아이가 졸릴 때 이를 닦아줘서 짜증을 내는 건지 양치를 싫어하는 이유를 알아봅니다.

아이가 짜증을 내는 이유가 엄마가 짐작했던 이유일 수도 있고, 아무리 살펴봐도 그 이유를 알 수 없는 경우도 있습니다. 하지만 스트레스의 원인을 알 수 없는 경우라도 괜찮습니다. 아이는 스트레스의 원인이 확실히 제거되지 않아도 이렇게도 해보고 저렇게도 해보면서 자기를 편안하게 해주려는 엄마의 노력에 감동합니다. 이러한 엄마의 노력 자체가 아이의 스트레스를 줄여주는 요인이 되기도 합니다.

Part **2** 부모-아이
소통 레시피

이야기를
주고받고

아이의 혼잣말에도 반응해주세요.
그리고 질문 없이 아이와 대화하는
연습을 해보세요.
발음이나 표현보다
무엇을 말하고자 하는지에 집중하면
아이의 언어력은 폭발적으로 증가합니다.

똑똑한 아이 더 잘 키우기

이제 갓 두 돌이 된 슬기는 지인들로부터 '영재'가 아니냐는 말을 많이 들어왔습니다. 처음에 엄마는 인사로 하는 말이 겠거니 하고 지나쳤습니다. 그런데 문화센터에 다니기 시작하면서 또래 아이들과 자연스레 비교가 되다 보니 엄마도 슬기가 발달이 빠른 아이라는 것을 체감하게 되었습니다.

또래 친구들은 제멋대로 돌아다니거나 산만한 데 비해 슬기는 자리에 앉아서 선생님 말씀에 집중합니다. 그리고 이해하는 것도 빨라서 자기 차례가 되면 혼자 나가서 활동에도 잘 참여합니다. 무엇보다 슬기가 조잘조잘 말할 때면 "아이가 24개월 맞나요? 말을 정말 잘하네요." 하는 얘기를 자주 듣습니다. 방긋방긋 잘 웃고 낯가림도 없어 가는 곳마다 많은 관심과 사랑을 받습니다.

집안 어른들도 슬기를 한번 잘 키워보라며 아이가 이렇게 똑똑한데 엄마 잘 받쳐줘야 한다고 말씀을 하십니다. 슬기 칭찬을 들을 때마다 엄마의 어깨는 점점 무거워집니다. 영재교육에 대해 알아봐도 수많은 정보들이 나와 있어 어떻게 해야 슬기를 잘 키우는 건지 혼란스럽기만 합니다.

우선 엄마들 사이에서 좋다고 입소문이 난 교구들을 구입했습니다. 그리고 영어교육도 빠르면 빠를수록 좋다고 해서 영어 그림책도 읽어주고 틈나는 대로 영어 DVD도 틀어주었습니다. 그리고 집 안에 있는 물건들에 한글 낱말카드도 붙여놓았습니다. 슬기는 영어 DVD를 틀어주면 집중도 잘하고, 집 안 곳곳에 붙어 있는 낱말카드도 엄마가 하나하나 이름을 가르쳐주면 흥미를 가지고 따라 읽습니다. 교구들도 엄마가 시범을 보이고 방법을 알려주면 혼자서도 잘 가지고 놉니다.

이렇게 하루하루 슬기를 위해 애쓰고 있지만 과연 잘하고 있는 건지 확신이 서지 않습니다. 엄마는 슬기가 진짜 영재인지도 알고 싶고, 영재가 맞다면 슬기를 위한 더 좋은 교육 방법이 있는지도 알고 싶습니다.

가르치지 말고 몸으로 놀아요

초롱초롱한 눈망울에 예쁜 드레스를 입은 슬기와 엄마를 상담실에서 만났습니다. 엄마는 슬기가 또래보다 발달이 빠른 편이라고 느끼지만 객관적으로 어느 정도인지 알고 싶은 마음에 상담을 받아보기로 했습니다. 그리고 아이의 재능을 키워줄 수 있는 '슬기에게 딱 맞는' 교육 방법도 알고 싶습니다.

그동안 엄마는 슬기가 언어적으로 재능이 뛰어난 것 같아 집에서 책도 많이 읽어주고, 영어 DVD도 보여주고, 한글공부도 시켰습니다. 그런데 학습에 치중하다 보니 아이가 아직 어린데도 책상 앞에 붙어 있는 시간이 점점 길어집니다. 엄마는 아이가 잘 따라오긴 해도 학습이 과한 것은 아닌지 염려가 됩니다.

엄마의 고민을 듣고 난 후 평소 엄마가 슬기와 어떻게 놀아주는지 알아보기 위해 놀이 활동을 관찰했습니다. 엄마는 채소 모형이 들어 있는 상자를 꺼내오더니 모형을 하나씩 꺼내며 친절한 목소리로 차근차근 채소 이름을 말합니다. 그러면 슬기는 엄마가 하는 대로 "배추, 무, 당근" 하며 따라 말합니다. 쭉 지켜보니 엄마와 슬기의 놀이는 장난감을 가지고 하는 또 하나의 학습이었습니다.

아이의 의사소통 능력을 발달시키기 위해서는 필요한 정보를 가르쳐주는 것도 중요하지만, 그보다 생활 속에서 아이가 다른 사람들과 능동적으로 의사소통 활동에 잘 참여하는지가 더 중요합니다. 이는 발달이 지연되는 아이에게도 슬기처럼 발달이 빠른 아이에게도 공통적인 부분입니다.

일상생활 속에서 다른 사람들과 능동적으로 이야기를 주고받으며 상호작용하는 방법으로 '신체적으로 상호작용하기' 전략이 있습니다.

이것은 아이와 접촉하기 쉬운 가까운 거리 안에 머물며 신체적으로 상호작용하며 아이와 함께 시간을 보내는 방법으로, 특히 부모와의 교감이 중요한 시기에 있는 아이에게 적합한 전략입니다.

엄마는 슬기의 잠재능력을 일깨워주면서도 엄마 아빠와 함께하는 시간을 늘리기 위해 상담 시간에 배운 대로 여러 가지 '몸놀이'에 도전해봅니다.

몸으로 놀기

엄마는 슬기에게 최대한 많은 것을 경험시켜주고 가르쳐주는 것이 최선이라 생각했기에 '교사' 역할을 열심히 해왔습니다. 하지만 이젠 방법을 달리해보기로 합니다. 물론 슬기가 원할 때는 책을 읽어주고 영어 DVD도 틀어줍니다. 하지만 이전처럼 엄마가 일방적으로 가르치는 수업에 많은 시간을 할애하지 않습니다. 그 대신 엄마는 슬기랑 몸놀이 하는 시간을 갖습니다.

몸놀이가 생소한 엄마는 놀이 방법을 인터넷에서 검색해보았습니다. 생각보다 재미있고 다양한 방법들이 많았습니다. 그중에서 슬기가 가장 좋아하는 놀이는 엄마와 아빠가 태워주는 '이불그네'입니다.

이불그네를 태워주려고 이불 위에 누우라고 한 첫날, 슬기는 잘 시간이 아닌데도 이불에 눕는 게 낯선지 자꾸만 벌떡 일어났습니다. 그런데 이제는 틈만 나면 이불그네를 태워달라고 합니다. 이불 위에 누워서는 엄마 아빠 얼굴을 쳐다보며 그네가 흔들흔들할 때마다 깔깔 웃으며 좋아합니다.

처음엔 엄마가 "더 높이" "더 세게" "하늘까지"라고 말하며 그네를 태워주었는데, 이제는 슬기가 먼저 요구를 합니다. "엄마, 더 높이!" "아빠, 더 세게!" "마지막 하늘까지!" 하고요. 그러면 엄마 아빠도 슬기가 말한 대로 높이를 낮췄다 높였다, 강도를 줄였다 세게 했다 조절하며 즐겁게 그네를 태워줍니다.

외출해서도 아빠는 슬기를 번쩍 들어 올려 목말을 태워줍니다. 그러면 슬기는 가고 싶은 쪽으로 아빠를 움직입니다. 이렇게 슬기와 안고 뒹굴며 몸으로 자주 놀아주다 보니 공부하는 시간보다 함께 노는 시간이 길어집니다.

그런데 신기하게도 슬기의 언어력은 목표로 하는 단어나 문장들을 직접 가르쳤을 때보다 엄마 아빠와 함께 몸놀이를 하면서 더 좋아지는 것 같습니다. 슬기와 상호작용하는 시간이 늘어나면서 아이의 어휘와 표현이 한층 풍부해지는 것을 피부로 느낍니다.

똘똘이 슬기의 폭풍성장

예전에 비하면 뭘 많이 가르치지 않은 데도 슬기가 폭풍성장을 하고 있다는 것을 엄마뿐만 아니라 슬기를 자주 보는 주변 사람들도 깨닫습니다. 원래도 잘 웃고 밝은 아이였지만 요즘은 더 활달해져 사람들과 어울려서 노는 것을 좋아합니다.

아빠가 슬기와 놀아주기 시작하면서 아빠와의 관계도 더 끈끈해졌습니다. 요즘 슬기는 아빠의 퇴근 시간만 손꼽아 기다립니다. 집에 돌아온 아빠에게 달려가 안기고 같이 놀아달라며 애교를 부립니다. 아빠도 아빠를 부쩍 찾는 슬기가 더 예쁘고 사랑스럽습니다.

말수도 더 많아졌습니다. 몸놀이 시간에 엄마 아빠가 슬기가 말하는 대로 바로바로 움직여주니까 슬기는 더 구체적인 표현을 써가며 자기가 원하는 것을 계속해서 얘기합니다. 불쑥불쑥 슬기가 새로운 표현을 쓸 때마다 엄마는 '이런 말을 어디서 배웠지? 가르친 적이 없는 것 같은데.' 하며 신기하기까지 합니다.

책을 읽을 때도 예전 같으면 엄마가 읽어주는 것을 30분이고 한 시간이고 얌전히 앉아 듣는 게 전부였는데, 이제는 슬기가 책을 읽어주겠다고 들고 옵니다. 책장을 넘기며 말도 안 되는 이야기를 지어서 얘기하기도 하고, 엄마가 전에 읽어줬던 책 내용을 잘 기억해서 다시 엄마에게 말해주기도 합니다.

이제 엄마는 슬기에게 딱 맞는 방법을 알 것 같습니다. 지금 슬기에게는 '친절한 교사'보다는 놀이를 놀이답게 함께 해주는 친구가 필요하다는 것을 말입니다.

신체적으로 상호작용하기

아이가 접근하기 쉬운 곳이나 아이의 손이 닿는 가까운 거리 안에 머물러주세요. 능동적으로 상호적인 참여가 이루어질 수 있도록 자주 아이와 신체적으로 접촉하는 것이 좋습니다.

아이와 그저 한 공간에 있는 것과 능동적으로 상호작용을 하는 것은 완전히 다릅니다. 아이와 능동적으로 상호작용을 하는 것은 아이의 행동에 시선을 집중하면서 아이와 신체적으로 놀아주며 함께 시간을 보내는 것을 말합니다.

단, 너무 무리하지 마세요. 몸이 아프기 전에 강약을 조절할 필요가 있습니다. 아이가 좋아하는 모습에 힘든지도 모르고 계속해주다 보면 몸 이곳저곳에서 이상 신호가 옵니다. 이불그네를 태워주다 손목이 욱신거리고, 말을 태워주다 허리에 통증이 생기면 아이와 놀아줄 수 없습니다. 쉬엄쉬엄 아이와 몸으로 놀아주세요.

> **이렇게 해보세요** **다양한 신체놀이**

• 기차놀이

아이의 허리를 잡습니다. 그리고 아이가 움직이는 대로 엄마 아빠도 움직여줍니다. 움직일 때마다 실감 나게 "칙칙폭폭" 소리도 내주면 아이가 더 즐거워하겠지요? 놀이 중에는 신체 높이를 조절하여 아이와 눈높이를 같이 합니다. 그리고 아이의 반응을 살피면서 놀이를 진행합니다.

• 비행기 놀이

바닥에 누워 〈떴다떴다 비행기〉 노래를 부르며 비행기를 태울 자세를 취합니다. 아이가 다가와서 비행기에 탑승하면 운행을 시작합니다. 놀이 중에 엄마는 아이와 눈을 맞추고 속도를 조절하면서 아이의 반응을 계속해서 살핍니다.

• 가마 태우기

엄마와 아빠가 마주보고 서서 각자 오른손으로 왼쪽 손목을 잡습니다. 그리고 상대방의 다른 손목을 서로 쥐어서 네모진 앉을 자리를 만들고 아이를 그 위에 앉게 합니다. 그리고 아이와 눈을 맞추며 아이가 다음 신호를 보낼 때까지 기다립니다. 앞으로 가라고 하면 앞으로, 뒤로 가라고 하면 뒤로 움직이며 아이의 지시에 따라줍니다. 만약 아이가 가마에서 내리고 싶어 한다거나 가마 타기를 싫어한다면 바로 놀이를 중단합니다.

• 다리 세기

아이와 마주 보고 앉아서 다리를 뻗어 엇갈려 끼운 다음, 노래를 부르며 다리를 세다가 노래 마지막에 짚은 다리를 뺍니다. 남은 다리를 놓고 다시 노래를 시작해서 하나의 다리만 남을 때까지 놀이를 계속합니다. 놀이 중에는 계속해서 아이와 눈을 맞추며 아이가 놀이에 즐겁게 참여하고 있는지 아이의 반응을 살핍니다.

내 사랑 손수건

건강하게 태어난 소중이는 또래와 비슷한 시기에 말을 시작했습니다. 그런데 시간이 지날수록 엄마는 소중이가 점점 뒤쳐지는 것을 느낍니다. 네 살인 지금까지도 원하는 것이 있으면 말로 요구하는 대신에 눈빛과 몸짓으로 표현하는 수준에 머물러 있습니다.

말이 느린 소중이가 걱정된 엄마는 친구들과 어울리면 말을 더 빨리 배우지 않을까 하는 생각에서 어린이집에 보냈습니다. 그런데 소중이는 어린이집에서도 친구들과 어울리지 않고 혼자 놉니다. 아이들이 모여서 장난감을 가지고 노는 동안 한쪽 구석에서 손수건을 조몰락대다가 흔들어보기도 하고 간간이 냄새도 맡으며 시간을 보냅니다. 손수건은 소중이가 가장 좋아하는 장난감이자 친구입니다.

고민 끝에 엄마는 집에 있는 손수건을 싹 다 치워버렸습니다. 손수건이 없으면 다른 장난감을 가지고 놀거나 친구들과 어울릴 것으로 생각했기 때문입니다. 하지만 손수건이 없어진 것을 안 소중이는 엄마를 쫓아다니며 손수건을 달라고 조릅니다. 다른 장난감은 안중에도 없습니다. 엄마는 이제 손수건은 없으니까 그만하라고 얘기도 하고 타일러도 봤지만 아무런 소용이 없습니다. 소중이는 계속 징징거리고 떼쓰기를 무한 반복합니다. 지친 엄마는 결국 소중이에게 손수건을 다시 줄 수밖에 없었습니다.

한 차례 전쟁을 겪고 난 후 손수건이 언제 또 없어질까 불안한 소중이의 집착은 이전보다 심해졌습니다. 엄마는 고쳐지지 않는 소중이의 손수건 사랑을 어떻게 하면 멈출지 있을지 아무리 고민해 봐도 해답을 찾을 수가 없습니다.

손수건 사랑을 인정해주기

하얀 피부에 또래보다 큰 키의 소중이는 손수건을 꼭 쥐고 엄마와 함께 상담을 받으러 왔습니다. 엄마와 선생님이 얘기를 나누는 동안 소중이는 이곳저곳을 뛰어다니다 손수건을 흔들며 놉니다.

소중이는 놀이방에 있는 장난감에는 전혀 관심이 없습니다. 그런 아이를 붙들고 엄마는 같이 놀자며 로봇 장난감도 보여주고 공도 던져줍니다. 엄마가 자꾸 귀찮게 하자 소중이는 아예 놀이방을 탈출합니다. 다른 곳을 이리저리 뛰어다니다 소파에 올라가서 '쿵' 하고 뛰어

내립니다. 그리고 다시 손수건 휘두르며 혼자 놉니다.

소중이가 이리저리 쿵쿵 뛰고 혼자 손수건을 흔들며 노는 모습을 바라보는 엄마의 얼굴은 어둡기만 합니다. 엄마는 소중이가 손수건 말고 다른 것에도 관심을 가졌으면 합니다. 그리고 소중이가 좋아하는 놀이가 유별난 것이 아니라 다른 사람들과 함께 할 수 있는 것이었으면 좋겠습니다. 소중이가 혼자 있는 게 아니라 다른 사람들과 소통하고 함께 어울리길 바라니까요.

다른 아이들과 어울리지 못하고 손수건에만 집착하는 소중이는 사람들과 소통하는 것이 서툰 아이입니다. 특정 대상에 집착하는 것에서 벗어나 아이의 관심을 다른 데로 돌리기 위해서는 먼저 아이가 흥미 있어 하는 대상이나 활동에 주의를 기울일 필요가 있습니다. 자신이 좋아하는 것을 존중받는다고 느낀 아이는 기꺼이 엄마가 원하는 활동에도 주의를 기울입니다.

원래 하지 말라고 하면 더 하고 싶고 싶은 법입니다. 아이가 즐거워하는 행동을 금지하지 말고 기꺼이 동참해주세요. 단, 게임이나 TV 시청처럼 장시간 노출되었을 때 아이에게 해가 되거나 위험한 행동은 해당되지 않습니다. 아이가 즐거워하는 활동을 함께 하다 보면 상호작용이 활발하게 일어나 눈 맞춤이 잦아지고 주고받는 이야기가 많아지면서 자연스럽게 의사소통 능력이 길러집니다.

그런데 엄마는 소중이가 좋아하는 손수건 놀이를 반복하면 이것만 계속할까 봐 걱정이 됩니다. 하지만 아이의 집착에는 끝이 있습니다. 자기가 원하는 놀이를 충분히 반복하는 과정에서 스스로 더 높은 수준의 놀이로 넘어갑니다.

네가 좋다면 엄마도 좋아

엄마는 소중이의 손수건 사랑을 인정해주기로 했습니다. 그동안은 손수건을 가지고 놀지 말라며 혼내고, 보이는 족족 뺏어버리곤 했기 때문에 소중이와의 관계가 삐걱대던 상태였습니다. 소중이도 자꾸 엄마를 피하며 옆으로 오려고 하지 않았고요.

달라지겠다고 마음먹은 엄마는 숨겨놓았던 손수건들을 거실 탁자 위에 꺼내놓았습니다. 그것을 본 소중이는 깜짝 놀라더니 손수건을 빼앗길까 봐 긴장하며 엄마의 눈치를 봅니다. 한데 엄마는 아무 일 없다는 듯 웃으며 손수건을 지나칩니다. 평소와 다른 엄마의 반응에 의아한 소중이는 조심스럽게 다가가 엄마 앞에서 손수건을 흔들어봅니다. 그러자 엄마는 탁자 위에 다른 손수건을 집더니 소중이가 한 것처럼 똑같이 흔들어줍니다.

엄마가 손수건을 허용해주는 것을 빠르게 알아챈 소중이는 한층 손수건 사랑에 불이 붙습니다. 한 장, 두 장, 세 장…. 집에 있는 손수건이란 손수건은 모조리 꺼내 잔뜩 들고 다닙니다. 손에 쥐고만 있어도 웃음이 절로 나는 모양입니다. 소중이가 손수건을 가지고 놀 때면 엄마도 소중이의 눈을 쳐다보며 손수건을 흔들기도 하고 냄새도 맡으며 같이 놀아줍니다.

 욕심껏 열 장이 넘는 손수건을 한꺼번에 들고 다니다 보니 손수건이 손에서 빠져나가 자꾸 바닥에 떨어집니다. 그 모습을 본 엄마는 손수건을 쥐기 편하게 공 모양으로 묶어 주었습니다. 손수건이 공이 되니까 소중이는 엄마한테 던지기도 하고 또 받기도 하면서 공놀이를 합니다.

 엄마가 손수건을 가지고 노는 것을 허락해주고, 더 재미있게 놀 수 있게 공으로 만들어주니 소중이는 신이 납니다. 그래서 엄마의 눈을 쳐다보고 엄마가 어떻게 반응하나 살피며 먼저 장난을 걸기도 합니다. 엄마를 피하느라 바빴던 소중이는 이제 자기가 좋아하는 것을 엄마와 함께 나누고 싶어 합니다.

 수업 시간이 되면 엄마에게 흔쾌히 손수건을 맡기기까지 합니다. 이전 같으면 상상도 할 수 없었던 일이지만 엄마가 손수건을 돌려줄 것을 아는 터라 미련 없이 손수건을 맡길 수 있게 되었습니다.

 시간이 지날수록 소중이에게 손수건은 '내 사랑 손수건'에서 '그냥 손수건'이 되어갑니다. 이제 손수건을 쥐고 있지 않아도 괜찮습니다. 손수건을 쥐고 흔들고 냄새 맡으며 노는 것보다 엄마랑 노는 것이 더 즐겁기 때문입니다. 영원할 것 같았던 소중이의 손수건 사랑에도 끝은 있었습니다.

손수건보다 엄마가 더 좋아

요즘 소중이는 부쩍 말수가 많아졌습니다. 전에는 먼저 말하는 법이 없어 시킬 때만 한두 마디 하는 게 전부였습니다. 엄마가 "주세요 해야지." 그러면 소중이는 영혼 없이 기계적으로 "주.세.요"라고 따라 말하고는 끝이었습니다. 한데 지금은 "엄마 아빠, 노올자 시작!" "엄마! 나 준이 싫어!"와 같이 상황에 맞는 표현들을 다양하게 사용합니다. 오히려 표현을 하나하나 가르치고, 모방하게 시켰을 때보다 표현이 훨씬 더 풍부해졌습니다.

그뿐만 아니라 다른 사람과 함께 놀이하는 즐거움을 깨달았는지 자신의 흥미와 관심사를 엄마와 공유하고 싶어 합니다. 전에는 책을 봐도 조용히 혼자 봤었는데 이제는 엄마와 함께 보는 것을 좋아합니다. 닭을 손가락으로 가리키며 "꼬꼬"라고 말하고는 엄마의 눈을 쳐다봅니다. 엄마의 반응을 기대하는 눈치입니다. 그럼 엄마도 "꼬꼬" 하고 소중이를 따라 해줍니다.

사실 엄마에게 소중이와 노는 것은 참 힘든 일이었습니다. 엄마 옆에 있으려고 하지 않는 아이를 억지로 잡아다 앉혀 놓고 뭘 해도 반응해주지 않는 소중이 때문에 엄마도 맥이 빠지기 일쑤였습니다. 그런데 이젠 엄마도 소중이와 노는 게 힘들지 않고 재미있기만 합니다. 뭘 가르쳐줘야 한다는 부담감 없이 원하는 대로 따라 해주니 아이가 좋아하고, 아이가 좋아하니 엄마도 덩달아 즐겁습니다.

아동이 즐거워하는 활동 반복하기

아이가 좋아하고 재미있어 하는 행동을 계속할 수 있게 지지해줍니다. 아이가 즐거워하는 것에 초점을 두고 상호작용을 할수록 아이는 부모가 원하는 행동을 따라주려 노력하게 됩니다.

아이가 즐거워하는 활동에 참여할 때는 '기꺼이', '끝까지' 반복해주세요. 아이의 집착에는 반드시 끝이 있습니다. 불안한 마음은 잠시 제쳐두고 여유를 갖고 지켜봐 주세요.

이렇게 해보세요 ▶ 좋아하는 물건 줄 세우기

아장아장 걷는 시기의 아이들이 좋아하는 놀이 중 하나가 좋아하는 물건을 한 줄로 나열하는 것입니다. 공룡, 자동차, 돌멩이 등등 그 종류도 다양하죠. 만약 아이가 물건을 일렬로 나열하며 노는 것을 좋아한다면 엄마도 아이의 놀이에 동참해주세요. 줄이 비뚤어지지 않게 반듯하게 물건들을 줄 세워봅니다.

이렇게 해보세요 ▶ 노끈 풀기 놀이

두루마기 휴지나 털실을 잡아당겨 풀어놓는 것을 좋아하는 아이라면 아예 노끈 한 뭉치를 사서 함께 노끈 풀기 놀이를 해보세요. 엄마가 노끈 뭉치를 잡고 있고 아이더러 맘껏 잡아당겨 풀어보라고 하면 됩니다. 노끈이 다 풀어지면 다시 뭉쳐서 아이가 충분히 놀이를 즐기게 해주세요.

> 이렇게 해보세요 **거꾸로 미끄럼틀 타기**

다른 아이들에게 방해가 되지 않고 위험한 상황이 아니라면 미끄럼틀을 거꾸로 타는 것을 말리지 마세요. 아이가 충분히 올라갔다가 내려오는 행동을 재미있게 반복할 수 있도록 허용해주세요. 미끄럼틀을 꼭 위에서 아래로 타야 한다는 생각은 고정관념에 불과합니다. 미끄럼틀을 거꾸로 타면서 아이의 대근육과 소근육은 더 잘 발달하게 됩니다.

보이지 않아도 서로 통해요

 26개월 보석이는 1급 시각 장애아입니다. 앞이 보이지 않는 탓인지 불러도 반응이 없고, 소리를 내는 일도 거의 없습니다. 손가락으로 입술을 비비며 노는 것이 전부입니다.

아이와 의사소통이 안 되니 엄마는 너무 답답합니다. 때가 되면 배가 고프겠거니 해서 밥을 먹이고, 목마를 것 같다 싶으면 물을 먹입니다. 그나마 보석이의 기분이 좋을 때는 다 괜찮습니다. 문제는 보석이의 컨디션이 나쁘거나 기분이 좋지 않을 때입니다. 심하게 보채는 건 기본이고, 울다 자지러지는 아이를 안아주려 하면 발버둥을 치며 엄마를 거부합니다.

엄마는 좋게 달래다가도 아이의 심통이 계속되면 "보석아 어디가 아파? 배가 고파? 우유 먹을까? 왜 그래 대체! 말을 하란 말이야!" 하며 화를 참지 못하고 아이에게 소리를 지릅니다. 그러면 보석이는 더 크게 울다가 결국은 지쳐 잠이 듭니다.

아이가 이렇게까지 울고 힘들어할 때는 분명히 아이 나름의 이유가 있었을 텐데 의사소통이 안 되다 보니 엄마는 그 이유를 짐작조차 하지 못합니다. 울다 지쳐 잠든 아이의 얼굴을 볼 때마다 엄마는 보석이가 안쓰러워 한숨만 늘어갑니다.

혼잣말까지도 반응하라

엄마는 메고 온 아기 띠에서 보석이를 내려놓습니다. 갑자기 바닥에 내려진 보석이는 깜짝 놀라 울음을 터트립니다. 그리고 계속해서 엄마에게 다시 안으라고 떼를 씁니다. 한참을 그러다 보석이가 진정되고 난 후 상담을 시작했습니다.

엄마와 보석이가 얼마나 의사소통이 되는지 확인하기 위해 함께 노는 모습을 지켜봤습니다. 엄마가 먼저 "보석아, 엄마랑 놀자." 하며 장난감을 이것저것 가져다 보석이 손에 쥐여줍니다. 보석이는 엄마가 쥐여준 장난감을 잠깐 잡고 있다 곧바로 놓아버립니다. 그러고는 손가락을 입술에 자꾸 갖다 댑니다.

"보석아, 딸랑이 흔들어보자. 딸랑딸랑." 하며 엄마가 다른 놀이를 하자고 말해 봐도 반응이 없습니다. 그래도 포기하지 않고 엄마는 보석이에게 노래를 불러줍니다. 하지만 보석이는 엄마의 노랫소리에 반응을 보이지 않고 뭔가 불안한 듯 계속에서 주변을 두리번거립니다. 엄마랑 놀이하는 동안 보석이는 전혀 소리를 내지 않습니다. 집에서는 그나마 "아", "푸" 정도로 제 감정을 표현하기는 하지만 그것도 많은 편은 아닙니다.

보지 못하는 데다 언어적 표현이 안 되는 보석이와 의사소통을 하는 것은 무척이나 어려운 일입니다. 그러나 보석이의 울음, 짧은 단음절의 소리, 몸짓, 표정 등도 모두 보석이의 의사 표현입니다. 비언어적 표현이 활발해질수록 아이의 의도를 파악하기가 쉬워지기 때문에 보석이가 더욱 다양한 소리를 내도록 북돋아 주는 것이 중요합니다.

'소리를 주고받으며 놀이하기'는 아이가 내는 소리를 그대로, 생동감 있게, 즉각적으로 따라 소리 내는 것으로 아이의 의사 표현을 활성화하는 데 좋은 방법입니다. 이 놀이의 핵심은 아이가 혼자 놀 때 내는 의미 없는 소리나 발성에도 민감하게 반응해주는 데 있습니다. 아이의 뜻 모를 행동을 관심의 표시로 이해하고, 아이의 몸짓이나 비의도적 발성을 의미 있는 대화인 것처럼 반응해줌으로써 아이의 의사소통 능력을 신장시킬 수 있습니다.

엄마의 이해를 돕기 위해 보석이와 소리를 주고받으며 노는 모습을 보여드렸습니다. 보석이가 손가락을 입술에 갖다 대며 "푸푸" 하는 소리를 내자, 바로 "푸푸" 하고 똑같이 반응해주었습니다. 처음에는 반응이 없다가 계속 똑같이 "푸푸" 해주니 보석이도 '어? 누가 나 따라 하네?' 하고 눈치를 챕니다. 그러고는 다시 "푸푸푸" 합니다. 이번에도 "푸푸푸" 하고 따라 해줬더니 보석이가 빙그레 웃습니다.

이번엔 엄마가 "푸푸푸" 하고 따라 합니다. 보석이는 또 "푸푸푸" 소리를 냅니다. 그저 똑같이 따라 해준 것뿐인데, 반응이 전혀 없던 보석이와 주고받기 놀이가 된다는 사실이 엄마는 신기합니다.

소리에 집중 또 집중

엄마는 집에서 틈날 때마다 보석이와 소리를 주고받으며 놀아주었습니다. 혼잣말이나 의미 없는 발성까지 놓치지 않고 반응을 해주려 설거지를 하면서도 청소를 하면서도 엄마의 귀는 항상 보석이를 향해 열려 있습니다.

상담 시간에 보석이가 내는 소리에 주의를 기울여 반응해주라는 말을 들었을 때 엄마는 이미 충분히 반응해주고 있다고 생각했었습니다. 그런데 막상 보석이가 내는 사소한 발성이나 혼잣말까지도 반응해주려 의식적으로 신경을 쓰다 보니, 그동안 보석이가 내는 소리를 많이 놓치고 있었다는 사실을 알게 되었습니다.

보석이가 입술에 손을 대고 "푸푸푸" 하는 소리를 낼 때면 엄마도 얼른 "푸푸푸" 소리를 내고 기다립니다. 엄마의 반응이 재미있는 보석이가 이번엔 "아" 하고 소리를 지릅니다. 엄마도 "아" 하고 똑같이 반응해줍니다. 보석이가 "이" 하면 엄마도 "이" 하고 소리를 냅니다. 이렇게 짧은 소리를 주고받는 놀이만으로도 보석이의 얼굴에는 미소가 가득합니다. 엄마도 보석이와 소통하는 즐거움을 느끼게 되면서 '보석이와 이렇게도 놀 수 있구나' 하는 사실을 깨닫게 되었습니다.

이렇게 엄마가 놀아주기 시작한지 몇 주 안 되서 보석이는 의미 있는 낱말들을 말하기 시작했습니다. 엄마가 온전히 자기에게 집중해주고, 작은 소리에까지 반응해주니까 소리도 전보다 훨씬 많이 냅니다.

울음 뚝! 이젠 괜찮아요

보석이는 이제 엄마의 말에 확실한 반응을 보입니다.

"보석아, 이제 아기 띠 풀고 바닥에 내려놓을 거야."라고 말을 하면 보석이는 작은 미소를 보이며 반응합니다. 마치 "엄마 알겠어." 하고 대답을 하는 듯합니다. 바닥에 내려놔도 갑자기 울음을 터트리거나 불안해하지도 않습니다.

엄마가 말하지 않으면 절간처럼 조용하던 집안이 이제는 보석이의 노랫소리로 시끌벅적합니다. 무슨 노래인지 가사를 정확히 알아들을 수는 없지만 보석이 흥얼거리는 소리를 온종일 들을 수 있습니다.

보석이가 노래를 부르다 멈추면 엄마가 이어서 부릅니다. 엄마가 멈추면 이번엔 보석이가 노래를 이어 부릅니다. 그러다 멈추면 엄마가, 또 멈추면 보석이가…. 노래가 끊이지 않고 계속해서 이어집니다. 표현하는 소리가 다양해진 보석이는 엄마의 말을 모방하기 시작하더니 이제 '물', '밥'과 같은 일음절의 단어들은 곧잘 따라 합니다. 도움이 필요하거나 엄마를 부르고 싶을 때는 "엄마" 하고 부릅니다. 엄마가 물어보는 말에 "네"라고 대답도 하고요.

보석이의 목소리가 이렇게 예뻤는지 전에는 전혀 알지 못했습니다. 소리 없이 지나는 날들이 대부분이었기 때문입니다. 그런데 요즘은 보석이의 예쁜 목소리를 자주 들을 수 있어서 엄마는 너무 행복합니다.

엄마와 의사소통이 되면서 보석이는 정서적으로도 많이 안정이 되었습니다. 전에는 청소기 소리만 나면 깜짝 놀라 자지러지게 울었습니다. 그런데 요즘은 "보석아, 엄마 청소할 거야. 청소기 소리 나도 무서워하지 마. 보석이가 무서워하면 얼른 꺼 줄게." 하고 미리 얘기하면 시끄러운 청소기 소리에도 울지 않습니다.

그뿐만이 아닙니다. 밖에 나가면 무서워서 발을 땅에 딛지도 않으려고 했던 아이가 엄마 손을 잡고 걸음마를 합니다. 재활치료를 가서도 울기만 하느라 제대로 운동을 못 했었는데 이제는 울다가도 엄마가 '괜찮아, 엄마가 보석이 옆에 있어.'라고 얘기하면 금세 진정합니다. 그렇게 보석이가 울지 않는 날들이 점점 많아졌습니다.

이렇게 일상이 편안해지고 즐거워지다 보니 보석이가 소리 내어 웃는 일이 흔해졌습니다. 무표정하거나 만날 눈물 바람이었던 보석이가 반짝반짝 빛나는 미소천사가 되었습니다.

소리를 주고받으며 놀이하기

아이가 내는 의미가 없는 발성이나 소리까지 즉각적으로, 생동감 있게 따라 하거나 반응해주면서 상호작용을 해보세요. 혼자 노는 단계에 있는 아이라서 소리를 주고받는 놀이가 잘 되지 않더라도 아이가 내는 소리에 반응해주는 습관을 갖는 것이 중요합니다. 아이가 내는 소리에 민감하게 반응해줄수록 아이는 더 다양한 소리를 내면서 전반적인 의사소통 능력이 향상되기 때문입니다.

아이와 소리를 주고받으며 놀 때, 아이가 흥미를 느낄 만한 소품을 사용하는 것도 좋습니다. 간편한 장난감 마이크, 에코 마이크, 녹음기 등을 이용해 아이와 더 재미있게 놀아주세요.

이렇게 해보세요 **노래 이어 부르기**

아이의 눈을 쳐다보며 아이가 좋아하는 노래를 아이의 속도에 맞추어 부릅니다. 몇 개의 짧은 구절을 부른 후 남은 구절을 아이가 이어 부를 수 있게 기다려주세요. 가사가 너무 많거나 박자가 빠르면 아이가 노래에 끼어들기 어려울 수 있다는 점에 주의합니다.

엄마: (천천히) 곰 세 마리가
   (아이의 눈을 쳐다보며, 아이가 다음 소절을 이어 부를 수 있도록 기다립니다.)
아이: 한 집에 있어.
엄마: 아빠 곰, 엄마 곰, 아기 곰.

아이: 아빠 곰은
엄마: 뚱뚱해.
아이: 엄마 곰은
엄마: 날씬해.

혼자 노는 단계에 있는 아이의 경우 노래를 이어 부르는 것이 어렵기 때문에 아이의 혼잣말이나 의미 없는 발성에 반응해줌으로써 아이에게 주고받는 놀이를 경험시켜 줄 수 있습니다.

아이: (혼잣말로) 빠빵
엄마: (즉각적으로 생동감 있게) 빠빵
아이: (놀란 표정이지만 아무렇지 않은 듯) 띠띠
엄마: (즉각적으로 생동감 있게) 띠띠
아이: (내심 좋은 표정으로 엄마를 쳐다보며) 뚜삐뚜삐
엄마: (아이를 보고 밝게 웃으며) 뚜삐뚜삐
아이: (미소와 함께 장난스러운 표정으로) 뚜따따따
엄마: (아이의 표정도 따라 하며) 뚜따따따

혀 짧은 소리로 "두뜨 두세여"

여섯 살 윤아는 아기 때부터 먹는 것, 자는 것이 다 까다로운 아이였습니다. 게다가 말까지 느려서 항상 엄마는 윤아 때문에 걱정이 많았습니다. 또래 아이들이 문장 형태로 유창하게 말할 때쯤 윤아도 말이 트이긴 했습니다. 그런데 무슨 말인지 잘 알아들을 수 없는 부정확한 발음이 문제였습니다.

윤아는 토끼를 [토띠]로, 자동차는 [다톤타], 주스를 [두뜨]', 머리는 '[머이]'로 혀 짧은 소리를 냅니다. 윤아의 발음에 익숙한 가족이나 어른들은 대충 알아듣지만 또래 친구들과는 전혀 의사소통이 되지 않습니다.

"선생님, 윤아는 왜 아기처럼 말해요? 말하는 게 이상해요."라고 하거나 "야! 뭐라고 하는 거야. 내 이름은 딘두 아니거든?"이라고 대놓고 지적을 하는 친구도 있습니다. 소심한 성격의 윤아는 이런 친구들의 반응에 더 위축되어 목소리는 점점 작아지고 말수도 줄었습니다.

 엄마는 안 그래도 발음 때문에 알아듣기가 힘든데, 목소리까지 기어들어 가서 웅얼대듯 말하는 윤아가 뭐라고 하는지 제대로 들리지 않아 답답합니다. 윤아도 자기가 하는 말을 엄마가 못 알아들으면 짜증을 냅니다. 윤아의 짜증에 엄마는 화가 치밀어 오릅니다.

 "야! 똑바로 말 못 해? 무슨 말인지 알아들을 수가 없잖아. 대체 뭐라고 하는 건데? 엄마가 알아듣게 얘기를 해야지. 네가 뭘 잘했다고 짜증을 내는 건데! 다시 똑바로 말해봐!"

 화를 내며 다그치는 소리에 윤아도 울음을 터트립니다. 이런 일이 자주 반복되다 보니, 윤아는 꼭 필요할 때가 아니면 말을 하지 않게 되었습니다. 말하는 것 자체에 예민해져 입을 잘 떼려고 들지 않는 윤아 때문에 엄마는 속이 상합니다.

아이의 '발음'보다 아이의 '의도'대로

 양 갈래 머리에 커다란 리본, 핑크 원피스에 레이스 달린 양말을 신은 윤아가 엄마의 손을 잡고 상담실로 들어옵니다. 뭔가 쑥스럽고 불편한 듯 엄마의 옷자락을 붙잡으며 뒤로 숨자 엄마는 짜증 섞인 목소리로 붙잡지 말라고 아이에게 핀잔을 줍니다. 평소 윤아와 엄마가 어떻게 의사소통을 하는지 살펴보기 위해 윤아와 엄마가 노는 모습을 관찰해 보았습니다.

놀이방에 들어선 윤아는 말없이 장난감을 하나 꺼냅니다. 엄마는 저쪽에서 여러 가지 모양의 도형 블록을 가져와서는 "이게 무슨 모양이지?" 하고 묻습니다. 윤아는 조그만 목소리로 "태모(세모)"라고 말합니다. 엄마는 "크게 말해. 잘 안 들려. 이거는 무슨 모양?" 하고 다시 묻습니다. 윤아는 여전히 조그만 목소리로 "돈그야미(동그라미)"라고 대답합니다. 엄마는 "다시 말해봐! 동.그.라.미" 하고 따라 말해보라고 시킵니다. 엄마의 말에 윤아는 대답이 없다가 엄마를 피해 딴 곳으로 가버립니다.

10분간의 짧은 놀이 시간 내내 엄마는 윤아의 발음을 지적하고, 다시 정확하게 발음하도록 강요하는 상황이 계속되었습니다. 두 사람의 모습을 지켜보니 그동안 윤아도 엄마도 얼마나 힘들었을까 하는 생각이 듭니다.

부정확한 발음 문제를 해결하려면 얼마나 정확하게 발음하는가에 초점을 두기보다 아이가 자기 생각이나 느낌을 발음과 상관없이 편하게 말할 수 있는 환경을 만들어주는 것이 더 중요합니다. 이렇게 의사소통 의도를 높여주면 아이는 스스로 더 많은 소리를 내게 되고, 그 과정에서 발음도 서서히 좋아지게 됩니다.

아이의 발음을 일일이 고치고 바로 잡으려고 하면 아이의 의사소통 의도는 좌절되기 쉽습니다. 부정확한 발음이나 잘못된 단어 선택에도 아이의 의도대로 반응해주고 인정해줌으로써 아이의 의사소통 의도를 높여줘야 합니다. 모방에 의해 언어를 가르치는 경우, 때에 따라서 정확한 단어나 발음을 제시해줄 수 있습니다. 하지만 아이에게 똑같이 따라 하도록 강요해서는 안 됩니다.

부정확한 발음을 지적하지 않기

상담 후 엄마는 윤아의 부정확한 발음을 지적하는 것을 그만두었습니다. 그리고 윤아가 하는 말에 관심을 기울이고 반응해주려고 노력했습니다.

윤아가 작은 목소리로 "엄마, 물 두데여(엄마, 물 주세요)."라고 말합니다. 엄마는 "응, 여기"라고 대답하고 바로 물을 주었습니다. 윤아는 당연히 엄마가 "'주세요'라고 다시 말해봐."라고 할 줄 알았는데 그런 말 없이 물을 바로 주니까 이상합니다.

물을 마신 윤아는 "빵 머꼬 시뻐요(빵 먹고 싶어요)."라고 얘기합니다. 엄마는 "알았어. 줄게."라고 대답합니다. 이번에도 엄마의 반응이 평상시와 전혀 다릅니다. 엄마가 다시 말해보라고 시키지 않으니 윤아는 계속 말하고 싶어집니다. 살짝 커진 목소리로 "엄마, 땜도 이떠요? 따디땜!(엄마, 쨈도 있어요? 딸기쨈!)"이라고 말해봅니다.

평소 같으면 엄마한테 "땜(쨈)"이라고 짧게 말하거나 냉장고 문을 열어서 직접 딸기잼을 꺼냈을 겁니다. 그러다 "너 왜 냉장고 문 여니?"

라고 엄마가 물어보면 아무 말 없이 냉장고 문을 그냥 닫아버렸겠죠. 왜냐하면 윤아는 딸기잼을 먹고 싶다고 말해서 엄마한테 발음을 지적 당하느니 그냥 안 먹고 마는 게 더 낫기 때문입니다.

엄마도 윤아가 달라지고 있는 것을 느낍니다. 예전에는 유치원 차에서 뚱한 표정으로 내리는 윤아를 보고 무슨 일이 있나 싶어 "기분 안 좋아? 왜 기분이 나빠?"라고 물으면 윤아는 대답 없이 그냥 뚱한 상태로 있었습니다. 그 모습이 속상한 엄마는 묻고 또 묻다 왜 대답이 없냐며 화를 냈습니다. 그러면 안 그래도 기분이 좋지 않던 윤아는 엄마한테 혼까지 나서는 대성통곡을 하곤 했습니다. 그런데 이제는 물어보지 않아도 차에서 내리자마자 유치원에서 있었던 일을 재잘재잘 얘기하기 시작합니다.

"오느 틴두다 나 때뎌서 우더떠(오늘 친구가 나 때려서 울었어)."

"그랬어? 아니 누가 그랬어?"

"기유타니가(김유찬이가)"

"유찬이가? 왜 때렸어?"

"내가 머뎌 한 던데 다디가 한다거 해더 안 댄다도 해떠니(내가 먼저 한 건데 자기가 한다고 해서 안 된다고 했더니)."

"그래? 우리 윤아 너무 속상했겠다. 엄마가 선생님께 얘기해줄게."

말을 안 하고 꿍하고 있을 적엔 속이 터져서 아이에게 화를 버럭 내고서는 맘이 편하지 않았는데, 이젠 묻지 않아도 윤아가 유치원에서 있었던 일을 술술 얘기해주니까 답답한 게 없어진 엄마는 윤아와 더 잘 통하는 기분입니다.

수다쟁이가 된 윤아

윤아는 엄마랑 얘기하는 것이 즐거워졌습니다. 엄마가 무슨 말을 하든 받아주고 자기 마음을 알아주기 때문입니다. 전에는 엄마가 말하는 중간중간 말을 끊고 다시 해보라고 시켰는데, 이제는 "응, 그렇구나." 하고 다 받아줍니다.

그리고 엄마가 자기 얘기를 더 잘 알아들었으면 하는 마음에 전보다 입을 크게 벌리고 또박또박 말하려고 애씁니다. 또 말은 안 해도 윤아가 또박또박 말할 때면 빙그레 웃는 엄마가 좋아 힘들어도 계속 노력합니다. 전에는 엄마가 아무리 잔소리를 해도 입을 거의 움직이지 않고 웅얼거리듯 말하는 버릇이 잘 고쳐지지 않았는데 말입니다.

말이 늘면서 윤아의 목소리도 커졌습니다. 어떨 때는 너무 큰 소리로 말해서 귀가 따갑다고 조금 소리를 줄여서 얘기하라고 할 때도 있습니다. 성격도 활발해졌습니다. 유치원에서 돌아오면 늘 우울한 표정으로 바닥에 누워 빈둥빈둥하며 아무것도 하지 않고 시간을 보냈었는데, 지금은 놀이터에서 뛰어노느라 시간 가는 줄 모릅니다.

여전히 발음은 부정확하지만 윤아의 일상은 백팔십도 바뀌었습니다. 의사소통 의도가 높아져서 수다쟁이가 된 이후로 활기가 넘치고 엄마와의 관계도 좋아졌습니다. 엄마도 이런 윤아가 더 사랑스럽고 예쁘게 느껴집니다. 전에는 윤아랑 같이 있는 시간이 너무 힘들어 아이에게 말이 곱게 나가질 않았는데 이제는 한 마디라도 더 사랑한다는 표현을 해주려 노력합니다.

엄마의 사랑과 인정을 받고 정서적으로 안정이 된 윤아는 이제 언어치료를 받으며 발음 연습을 하고 있습니다. 걱정했던 것보다 수월하게 수업을 잘 따라갑니다. 발음을 고치는 것이 쉽지는 않지만 엄마의 응원을 받으며 꾸준히 노력하고 있습니다.

아이의 의도대로 반응해주기

아이가 올바른 방식으로 정확한 단어를 말하는 데 중점을 두기보다 아이가 전달하려는 생각이나 의도에 더 많은 관심을 둡니다. 부정확한 발음이나 단어 사용을 번번이 지적하여 의사를 전달하려는 아이의 의도를 좌절시키지 않도록 합니다.

아이의 의도대로 반응해주면서 때에 따라서 아이에게 적합한 단어나 발음을 제시할 수 있습니다. 하지만 이를 아이에게 따라 하도록 강요해서는 안 됩니다. 예를 들어 아이가 "다톤타 두테요."라고 말을 했다면 "응, 자동차 여기 있어." 하고 아이의 의도대로 반응해줍니다. 아이가 틀릴 때마다 지적하고 훈련을 시키면 아이의 의사소통 의도를 높여주기 어렵습니다.

> **이렇게 해보세요** 아이의 상태 객관적으로 평가하기

아이의 발음이 문제가 있는 것 같다면 치료가 필요한 경우인지 전문가에게 상담을 받아보세요.

연령에 따라 언어가 발달하는 순서가 있습니다. 세 살 아이가 사탕을 [타탄]이라고 발음하는 것은 자연스러운 일입니다. 'ㅅ'은 자음 중 가장 늦게 발달하는 음소이기 때문입니다. 그런데 아이가 일곱 살인데도 사탕을 [타탄]이라고 발음한다면 아이의 상태를 객관적으로 평가해볼 필요가 있습니다.

단순히 또래보다 발음이 부정확한 것 같다고 생각하여 발음을 자꾸 지적하며 연습을 시키는 것은 바람직하지 않습니다.

대화가 안 되는 뚱딴지

일곱 살 준기는 말이 늦게 트였습니다. 지금은 말하는 데 큰 어려움이 없는데, 대화가 잘 안 된다는 것이 문제입니다.

한번은 이런 일도 있었습니다. 집에서 잘 놀던 준기가 갑자기 "치과 가고 싶어."라는 말을 했습니다. 깜짝 놀란 엄마가 "준기야, 이가 아파?" 하고 물어보자 준기는 "치과 가고 싶어."라고 다시 말합니다.

엄마는 준기가 정말 이가 아픈가 보다 해서 재빨리 치과에 데려갔습니다. 그런데 막상 치과에 도착하자 병원 앞에서 안 들어가겠다고 떼를 씁니다. 무서워도 치과에 가야 한다고 얘기하는 엄마의 손을 끌고 준기는 병원 옆 건물에 있는 키즈 카페로 갑니다. 그제야 엄마는 치과에 가고 싶다는 준기의 말이 지난번 치과 치료 후 들렀던 키즈 카페에 가고 싶다는 얘기라는 것을 알았습니다.

어떨 때는 다른 사람이 무슨 말을 하든 상관없이 자기가 하고 싶은 말만 계속하는 경우도 있습니다. "오늘 유치원에서 뭐 했어?"라고 물어보면 준기는 뜬금없이 "티라노사우루스가 나타났어요. 그래서 아기 공룡을 잡아먹었어요. 엄마 공룡은 화가 나서 티라노사우루스를 공격했어요."라고 대답합니다. 엄마는 "와, 진짜? 무서웠겠다. 근데 엄마는 준기가 유치원에서 뭐 했는지 궁금해."라고 다시 물어봅니다. 그런데 이번에도 "티라노사우루스는 엄청 커서 아무도 이길 수가 없어요. 엄마 살려주세요. 무서워요."라고 이렇게 자기가 하고 싶은 말만 계속합니다.

"유치원에서 친구들하고 사이좋게 지냈니?" "선생님 말씀은 잘 들었어?"와 같이 자기한테 불리한 얘기를 들으면 더 딴소리를 하고 눈조차 마주치지 않으려고 합니다. 엄마는 어떻게든 대화를 이어가려 애써보지만 결국 포기해버릴 때가 한두 번이 아닙니다.

자기가 좋아하는 만화나 책 내용은 대사 하나 빠뜨리지 않고 유창하게 얘기하는 준기이건만 다른 사람과 주고받는 대화는 왜 이리 어려운 건지 도무지 모르겠습니다.

아이 마음 읽어주기

준기는 씩씩하게 인사를 하며 상담실로 들어옵니다. 그리고 엄마와 선생님이 얘기하는 동안 옆에서 책을 읽으며 기다립니다. 준기는 공룡이 되었다가 사람이 되었다가 실감 나는 목소리로 책을 읽습니다. 저렇게 푹 빠져 책을 읽고 나면 한동안은 책 이야기만 할 것을 알기에 엄마는 벌써부터 골치 아픈 표정입니다.

 엄마의 예상대로 책을 다 읽은 준기는 이야기에 푹 빠져서 대화 주제에 상관없이 책 내용을 줄줄 말합니다. 엄마는 화제를 돌리기 위해 "준기야, 이거 뭐야? 엄마랑 이거 가지고 놀까? 이거 어떻게 하는 거지?" 하며 보드게임을 꺼내옵니다. 준기는 잠깐 관심을 보이는 듯하더니 곧 더 큰 목소리로 책 이야기를 쉬지 않고 떠들어댑니다.

 준기는 언어능력은 있지만 남들과 대화하는 것이 어려운 아이입니다. 대화라는 것은 여러 사람과 다양한 주제로 이야기를 나누는 것인데, 다른 사람과 상호작용하는 능력이 부족한 준기는 대화에 참여하지 못하고 자신이 알고 있는 것들을 혼자 떠듭니다.

 화제에서 벗어나 하고 싶은 말만 하는 아이의 습관을 고치려 들면 대화는 단절되고 관계만 나빠집니다. 이럴 때는 아이가 말하고자 하는 의도를 명확히 표현해주면서 아이의 의사소통을 점차 복잡한 형태로 발전시켜 나가야 합니다.

 예를 들어 아이가 "엄마 때릴 거야."라고 말을 했을 때, 보통은 "엄마를 때린다고 말하는 거 아니야. 그런 말은 나쁜 말이야."라고 훈육합니다. 하지만 훈육하기에 앞서 아이가 왜 이런 말을 한 건지 아이의 의도를 생각해볼 필요가 있습니다.

준기도 "엄마 미워! 엄마 때릴 거야."라는 말을 할 때가 있습니다. 생각해보니 엄마가 준기랑 안 놀아주거나 준기 말에 대꾸 없이 다른 사람들과 얘기할 때 이런 말을 한 적이 많았습니다. 그래서 준기가 또다시 이런 말을 했을 때 "준기가 엄마랑 놀고 싶었구나." 하고 아이의 의도를 표현해주었습니다. 그랬더니 준기가 고개를 끄덕입니다.

준기의 의도를 알아맞힌 엄마는 "엄마가 안 놀아줘서 화났어?"라고 아이의 마음을 다시 표현해줬습니다. 준기도 엄마의 말에 "엄마가 안 놀아줘서 화났어."라고 대답합니다. 엄마가 준기의 마음을 알아주고 표현해주니까 준기도 엄마에게 마음을 엽니다. 이렇게 아이가 경험하는 상황에서 아이의 의도를 명확하게 표현해주면 아이는 그 상황과 화제에 들어맞는 말을 빠르게 배울 수 있습니다.

진짜는 이런 의미

그동안 엄마는 준기가 하는 말에 담긴 의도를 알아보려 하지 않고 말 그대로 받아들였습니다. 그래서 대부분은 상황에 맞지 않는 말이라고 여겨 무시하거나 아니면 혼을 내며 바른 말로 고쳐주었습니다. 하지만 이제는 준기가 말을 하면 먼저 준기의 의도를 생각해보고 그 의도대로 명확하게 표현해주려 노력합니다.

"주사 맞고 싶어."라는 말은 진짜 주사를 맞고 싶다는 얘기가 아니라 전에 주사를 잘 참아 칭찬으로 사준 핫도그가 먹고 싶다는 의미로 짐작하고 "핫도그 먹고 싶어?"라고 물으면, 준기는 바로 "응, 핫도그 먹고 싶어."라고 대답합니다. 그러면 엄마는 준기에게 핫도그를 사주러 출발합니다.

핫도그를 사러 가는 길에 엄마는 "준기는 맛있는 핫도그를 좋아해."라고 의미를 구체적으로 확장시켜줍니다. 엄마의 말에 준기는 "응, 핫도그 맛있어."라고 대답합니다. 엄마가 핫도그를 한 입 먹고 나서 "핫도그에 들어있는 소시지가 참 맛있다."라고 얘기합니다. 그러면 준기도 "핫도그에 들어있는 소시지 좋아." 하고 반응을 합니다. 이렇게 핫도그를 주제로 조금씩 대화가 이어집니다.

예전 같으면 "주사 맞고 싶어."라는 준기의 말에 엄마는 "주사 맞고 싶다고? 무섭고 아파서 싫다 그랬잖아. '주사 맞고 싶어'가 아니라 '주사 맞기 싫어'겠지. 따라 해봐. '주사 맞기 싫어'."라며 준기가 틀렸다 잘못했다 지적을 했을 겁니다. 그러면 준기는 "아니야! 주사 맞고 싶어, 주사 맞을래."라고 더 큰 소리로 고집을 피우다 화가 나서 장난감이라도 하나 집어 던지면, 엄마는 물건을 집어 던지지 말라고 또 혼을 냈을 겁니다.

단지 준기는 핫도그가 먹고 싶었던 건데 결국은 핫도그도 못 먹고 엄마에게 연달아 혼만 납니다. 돌이켜보면 준기도 참 답답했을 것 같습니다. 준기 입장에서는 자기가 원하는 것을 자기 방식대로 표현했을 뿐인데, 오히려 엄마가 엉뚱한 반응을 보이거나 혼을 냈으니까요.

대화가 통하는 즐거움

요즘 준기는 '쿵' 하면 '짝' 하고 알아주는 엄마가 너무 좋습니다. 더 많이 엄마와 말하고 싶고 놀고 싶습니다. 그래서 엄마 가까이에 있는 시간이 자연스럽게 늘어났습니다.

"티라노사우루스 엄청 힘이 세지?"와 같이 뜬금없는 말에도 엄마는 "티라노사우루스는 엄청 힘이 세지." 하고 반응을 해줍니다. 전에는 무시해버리거나 쓸데없는 소리를 한다고 혼을 냈던 엄마였는데, 이제는 준기의 말을 다 받아줍니다. 그런 엄마의 반응에 신이 난 준기는 티라노사우루스 이야기를 계속합니다.

그런데 신기하게도 엄마가 준기의 엉뚱한 이야기를 받아주면 줄수록 서서히 공룡 이야기가 줄어듭니다. 그리고 점차 새로운 주제들이 하나씩 등장합니다. 이제 엄마가 물어보지 않아도 유치원에 있었던 일들을 먼저 이야기합니다. 물론 여전히 엉뚱하고 두서가 없는 말들도 많지만 그럼에도 엄마는 최대한 준기의 의도를 명확히 표현해주기 위해 귀를 기울이고 방청객 모드로 열심히 리액션도 해줍니다.

엄마가 준기의 말을 집중해서 들어주자 준기도 엄마가 하는 말에 더 주의를 기울입니다. 엄마는 준기와 대화가 되고, 그 대화가 점점 길어지는 것이 신기합니다. 준기와 이야기할 때마다 복장이 터질 것 같았는데 지금은 아이와 대화하는 즐거움을 알게 되었습니다.

아이의 의도를 명확히 표현해주기

말하고자 하는 의도나 목적을 명확히 표현해주면서 아이의 의사소통을 보다 복잡한 형태로 발전시켜주세요. 단, 표현해주는 것에 치우쳐서 아이와 대화하는 것을 방해해서는 안 됩니다.

아이가 하는 말을 들어주고, 반응해줄 때는 물개박수를 치거나 "정말?" "그렇구나!" 같은 추임새를 넣어서 엄마가 자신의 말을 집중해서 듣고 있다는 것을 알게 해줍니다.

이렇게 해보세요 나는야 꼬마 요리사

아이와 함께 간단한 간식을 만들어봅니다. 그리고 요리 과정을 단계별로 사진으로 찍어 남겨주세요. 꼬마 요리사가 된 아이에게 오늘의 요리를 어떻게 만드는지 설명해보게 합니다. 사진을 순서대로 보여주면서 요리 과정을 이야기하게 쉽게 도와줍니다. 만약 빠진 부분이 있다면, 엄마가 자세히 덧붙여주는 방식으로 레시피를 완성합니다.

- 소시지 샌드위치 만들기

준비물: 미니 핫도그빵, 소시지 1개, 상추 1장, 볶은 양파 2숟가락,
 케첩 약간, 머스타드 소스 약간

1. 미니 핫도그빵을 준비합니다.
2. 핫도그빵 한쪽에 머스타드 소스를 발라줍니다.
3. 그 위에 상추 한 장을 올려놓습니다.

4. 상추 위에 볶은 양파를 올리고 소시지를 놓습니다.
5. 소시지 위에 케첩을 좋아하는 만큼 뿌립니다.
6. 머스타드 소스도 좋아하는 만큼 뿌려주면, 소시지 샌드위치 완성!

맛있는 소시지 샌드위치가 만들어졌어요.

`이렇게 해보세요` **그림일기 쓰기**

아이와 오늘 하루 있었던 일을 이야기하고 그림일기를 써보게 합니다. 일기를 다 쓴 후에 아이에게 그림을 설명해보게 합니다. 아이가 설명하는 동안 엄마는 글로 적어봅니다. 그런 다음 엄마가 그림을 아이가 설명한 것보다 조금 더 자세히 이야기해줍니다. 하지만 거기서 끝! 아이에게 다시 설명해보라고 하지 않습니다.

`이렇게 해보세요` **아이가 자주하는 말 기록하기**

아이가 하는 말의 의도를 잘 파악하고 있어야 명확하게 표현해줄 수 있기 때문에 아이가 자주하는 말을 기록해두면 많은 도움이 됩니다.

"엄마 때릴 거야" ⇒ 자기 마음을 몰라줄 때 하는 말
"다리 아파" ⇒ 관심 받고 싶을 때 하는 말
"집에 갈래" ⇒ 심심할 때 하는 말

Part **3** 부모-아이
공감 레시피

아이 손을 마주잡고

아이의 마음을 읽어주고
공감해주세요.
아이의 행동을 있는 그대로
보듬어주고 수용해주면
아이도 엄마와 교감하기 위해 노력합니다.

우리 엄마는 워킹맘

어렸을 때부터 채윤이는 잘 먹고, 잘 자고 누구한테 안겨 있어도 방실방실 웃으며 잘 노는 순한 아이였습니다. 또한 야무지고 똑똑해서 주변 어른들의 칭찬이 자자했습니다. 어린이집에 가서도 적응을 잘했고, 유치원 버스를 처음 타는 날에도 웃으며 등원했던 의젓한 아이였습니다.

이렇게 채윤이가 잘 자라준 덕분에 엄마는 일을 중단하지 않고 계속할 수 있었습니다. 하지만 엄마에겐 온전히 아이에게 집중해주지 못한 시간의 대가가 언젠가는 아이에게 나타나지 않을까 하는 불안감이 마음 한편에 늘 자리하고 있었습니다.

채윤이가 일곱 살이 되고 나서 엄마는 학회 일정에, 강의까지 쉴 새 없이 바빠져 주말에도 아이와 함께하지 못하는 날들이 늘어나고 있었습니다.

그러던 어느 날 채윤이가 화장실을 들락날락합니다. 이상한 엄마가 대충 세어보니 한 시간에 스무 번은 족히 가는 것 같습니다. 소변이 마렵다고 화장실에 들어가 놓고는 금방 나옵니다. 그러고는 몇 분 되지 않아 또 화장실에 들어갑니다. 엄마가 채윤이를 걱정스럽게 바라보니 채윤이는 더 불안한 표정으로 엄마를 쳐다봅니다.

"엄마, 나 왜 이래? 병 걸린 거야? 자꾸 화장실이 가고 싶어. 근데 화장실 가면 안 나와."라고 울먹이며 걱정을 합니다. 엄마도 혹시 몸이 아파서 그런 건 아닌가 지켜봤지만, 하루 이틀 그러다 곧 괜찮아지곤 했습니다.

그런데 이상한 건 화장실 문제만이 아니었습니다. 부쩍 사소한 일에도 불안해하거나 걱정하는 일들이 잦아졌습니다. 엄마가 퇴근하고 집에 오면 채윤이는 "엄마, 이가 아파서 걱정이야. 죽을병에 걸린 건 아니겠지?"라고 걱정되는 일을 엄마에게 말합니다. 아빠나 다른 사람에게는 일절 이야기하지 않고 오직 엄마에게만 걱정거리를 털어놓습니다.

평소와 다른 채윤이의 행동이 자꾸 신경이 쓰이던 엄마는 유치원 상담을 다녀온 후 이대로는 안 되겠다는 결심을 하게 되었습니다. 선생님은 채윤이가 또래에 비해 인지능력이나 언어발달이 뛰어나고 친구들하고도 잘 어울리는 아이라고 말씀하셨습니다. 그런데 안타깝게도 관심을 받기 위한 행동을 많이 하고, 아이답지 않게 눈치도 많이 본다고 합니다. 게다가 인정받으려는 욕구가 강해서 자기가 잘한 것은 꼭 칭찬을 받아야 다음 활동으로 넘어갈 수 있다고 했습니다.

상담을 받고 돌아오는 길, 엄마에게는 많은 생각이 스쳐 지나갑니다. 바쁘게 일을 하는 가운데서도 엄마는 어떻게든 채윤이에게 신경을 쓰려고 노력했습니다. 나름 육아와 일을 균형 있게 병행해왔다고 생각했는데, 유치원 선생님의 말씀을 듣고 나니 채윤이에게 더 잘 해주지 못한 것에 대한 죄책감이 몰려와 마음이 무겁습니다.

아이와 함께하는 시간 늘리기

엄마와 기분 좋게 상담실에 온 채윤이는 호기심이 많아서 장난감이 가득한 놀이방에서 이것저것 만져보고는 엄마랑 같이 놀자며 인형을 가지고 나옵니다.

채윤이는 인형을 엄마한테 내밀며 놀이를 주도합니다. 엄마도 채윤이의 시선을 잘 따라가며 채윤이가 원하는 대로 반응해줍니다. 채윤이를 가르치거나 이끌려고 하지 않고, 채윤이의 친구가 되어주는 엄마 덕분에 아이도 엄마도 깔깔 웃으며 즐겁습니다.

채윤이와 엄마가 함께 노는 모습을 지켜보니 엄마는 채윤이와 상호작용하는 방법을 잘 알고 있고, 잘 실행하고 있었습니다. 문제는 아이와 함께하는 시간이 절대적으로 부족하고 자주 놀아주지 못한다는 데 있었습니다.

아이 발달에 발판이 되는 애착은 부모와의 관계에서 시작됩니다.

애착관계를 통해 형성된 신뢰와 안정감은 스트레스와 불안에 대처하는 데 도움이 됩니다. 자꾸 엄마의 주의를 끌려 하고 불안한 상태를 보이는 채윤이가 안정감을 찾기 위해서는 엄마와의 신뢰관계를 회복해야 할 필요가 있어 보였습니다.

아이와 얼마나 상호작용을 하는지 알아보기 위해 엄마에게 평소 채윤이와 어떻게 놀아주는지 물었습니다. 엄마가 말하길 퇴근해서 돌아오면 저녁을 먹이고 씻기고 재우기 바빠서 기껏해야 자기 전에 책을 읽어주는 정도가 채윤이와 놀아주는 시간의 전부라고 합니다.

그럼 앞으로 채윤이와 얼마큼 놀아줄 수 있냐는 질문에 엄마는 5분, 아빠는 10분 정도 자리 잡고 앉아서 채윤이와 놀아줄 수 있을 것 같다고 합니다. 그래서 매일 저녁 아빠 10분, 엄마 5분 정도를 아빠 엄마의 놀이 시간으로 정하기로 했습니다.

이렇게 시간을 미리 정해 놓으면 잊지 않고 놀아줄 수 있고, 아이도 엄마 아빠가 들쑥날쑥 놀아주는 게 아니라 매일 같은 시간대에 놀아준다는 것을 예측하고 기대할 수 있기 때문에 아이의 만족은 더 커지게 됩니다.

엄마랑 놀자

엄마는 퇴근 후 집에 돌아와 다른 일보다 '엄마 놀이 시간'을 우선순위에 두고 채윤이와 함께하는 시간을 지키려고 노력했습니다. 채윤이도 시계에 '엄마 놀이 시간'을 스티커로 붙여놓고 그 시간이 되기를 기다렸다가 "엄마, 우리 놀 시간이야!" 하며 달려옵니다.

어느 날은 보드게임을 하자고 하고, 어느 날은 만들기가 하고 싶다며 종이랑 가위를 가져오기도 합니다. 엄마는 채윤이가 가져온 놀이를 채윤이가 원하는 방식대로 놀아주었습니다. 그리고 때로는 아이가 좋아할 만한 놀이를 인터넷에서 검색해서 채윤이에게 보여주기도 합니다. 그중 채윤이가 원하는 놀이가 있으면 같이 해보기도 하고요. 자기가 직접 고른 놀이라 그런지 집중도 더 잘하고 즐거워합니다.

가끔은 채윤이를 위한 특별한 이벤트도 준비합니다. 지난주 금요일에는 오후 스케줄을 비우고 유치원으로 채윤이를 데리러 갔습니다. 엄마가 이런 생각을 한 건 종일반인 채윤이가 일찍 하원하는 친구들이 부럽다는 이야기를 한 적이 있기 때문입니다. 유치원에서 채윤이를 일찍 데리고 나와 아이가 좋아하는 카페에 가서 한동안 이야기를 나눈 후 집으로 돌아왔습니다.

채윤이에게 책을 읽어주는 일도 많아졌습니다. 이전에는 온종일 강의하느라 목이 아프다는 이유로 책을 읽어주는 건 항상 아빠의 몫이었습니다. 어쩌다 큰맘 먹고 책을 읽어주는 날에는 딱 한 권만 골라오라고 했습니다. 그런데 이제는 채윤이가 원하는 만큼 책을 골라오라고 합니다. 막상 책을 다 읽기도 전에 채윤이는 잠이 들지만 원하는 만큼 책을 읽어주겠다는 엄마의 약속 때문인지 행복한 표정입니다.

엄마의 변화는 하나 더 있습니다. 쉬는 날이면 채윤이와 놀아주는 사람은 항상 아빠였는데, 이제 엄마가 채윤이랑 놀러 갈 곳을 핸드폰으로 찾아봅니다. 그러고는 아빠 몰래 "쉿, 우리 둘만의 데이트야." 하며 아빠가 자는 사이 즉흥적으로 기차여행을 하기도 합니다.

불안이 사라진 아이

사소한 일에도 쉽게 불안해하고 걱정된다는 말을 입에 달고 살던 채윤이가 달라졌습니다. 매일 다른 걱정들로 하루를 시작하던 아이의 입에서 괜찮다는 말이 수시로 나옵니다.

엄마는 여전히 바쁜 워킹맘이지만, 채윤이는 엄마의 빈자리가 이전만큼 크게 느껴지지 않습니다. 틈틈이 엄마가 채워주는 사랑으로 충분히 그 공간이 메워지기 때문입니다.

엄마가 피곤해 보이는 날이면, 채윤이는 말없이 엄마 어깨에 손을 얹고 안마를 합니다. 그러고는 "엄마, 오늘은 나랑 안 놀아줘도 돼요. 아빠랑 놀면 돼요."라고 말하며 엄마에게 쉬라고 합니다.

엄마를 기쁘게 해주고 싶어서 옷도 혼자서 갈아입고 세수도 혼자서 합니다. 자기 방 정리를 몰래 해놓고 "짜잔" 하며 엄마를 부르기도 합니다. 그전에는 시켜야 하거나 시켜도 하지 않았던 일들이었는데 말입니다. 그리고 부쩍 애정 표현도 많아졌습니다. "엄마 좋아" "엄마 사랑해" "엄마가 제일 좋아" "엄마가 최고야" 같은 말들을 자주 합니다.

어딘가 불안해 보이고 걱정이 많던 채윤이는 사라지고, 별거 아닌 일에도 웃음을 터트리는 밝은 성격의 채윤이로 바뀌었습니다. 물론 유치원 생활도 달라졌습니다. 지난번 선생님이 쓴 알림장에는 이렇게 쓰여 있었습니다.

"전에는 선생님이 하는 말에 신경 쓰느라 친구들보다 선생님들 근처를 맴돌았어요. 그런데 이제는 친구들과의 놀이에 푹 빠져 신나게 놀아요. 하나라도 잘한 것이 있으면 칭찬을 받을 때까지 선생님을 부르고 기다리던 행동이 사라졌고, 자기만 주목해주기를 바라던 행동도 많이 줄어들었습니다. 오늘은 유치원 동생들을 안아주고, 책을 읽어주기까지 하더군요. 요즘 채윤이가 행복해 보이고 많이 너그러워진 것 같아요."

자주 함께 놀아주기

다양한 방법으로 가능한 한 자주 아이와 놀아주세요. 그리고 엄마가 하고자 하는 놀이가 아닌 아이가 좋아하고 원하는 놀이를 해주세요.

엄마는 열심히 놀아줬는데, "엄마는 나랑 안 놀아주잖아. 내가 보드게임 하고 싶다고 했는데 엄마는 안 해주잖아!"라며 자기랑 안 놀아줬다고 불평하는 경우가 종종 있습니다.

아이들과 놀아주는 시간도 중요하지만, 원하는 방식대로 놀아줬을 때 아이의 만족이 더 큽니다. 특히 주관이 뚜렷한 아이일수록 더 그렇습니다. 따라서 아이와 대화가 되는 경우 놀이 스케줄을 함께 의논해서 정하는 것이 좋습니다.

이렇게 해보세요 놀이 스케줄 짜기

어디서

언제

놀이 방법

놀이 느낌

아이와 함께 놀이 스케줄을 잡아봅니다. 아이의 의견을 반영하여 장소와 날짜, 놀이 방법 등을 정한 뒤 작성한 스케줄 표를 가족 모두가 잘 볼 수 있는 곳에 붙여 놓습니다. 아이의 발달 수준에 따라 스티커나 그림 등으로 대체해도 좋습니다.

스케줄에 따라 놀이가 끝났으면, 아이에게 '오늘의 놀이'가 어땠는지를 평가해보도록 합니다. 이렇게 놀이 스케줄을 작성하다 보면 아이가 제일 좋아하는 놀이나 방법 등을 더 구체적으로 알 수 있습니다.

이렇게 해보세요 › 놀이 이벤트 만들기

이미 아이와 놀이 시간을 충분히 갖고 있다면, 특별한 놀이 이벤트를 계획해보세요. 예를 들어 물감 놀이, 밀가루 반죽 놀이, 비눗방울 놀이, 신문지 찢기 놀이처럼 아이들이 참 좋아하지만 힘들거나 번거로워서 잘 허락해주지 않았던 놀이를 특별한 이벤트로 만들어 놀아주세요.

이렇게 해보세요 › 새로운 놀이 해보기

늘 하던 놀이 이외에 새로운 방법들은 무엇이 있는지 조사해보는 것도 좋습니다. 책이나 인터넷을 통해 아이가 좋아할 만한 놀이를 찾아봅니다.

참고할 만한 놀이책 목록

《몸놀이가 아이 두뇌를 바꾼다》 질 코넬·세릴 맥카시 지음, 길벗
《아기 몸놀이 120가지》 리젤 폴린스키 지음, 이지앤
《아빠표 체육놀이》 김도연 지음, 로그인
《발달놀이 육아법》 오카다 다카시 지음, 예문아카이브
《하루 15분 아빠 놀이터》 유종선 지음, 스마트비즈니스

해도 해도 너무한 짜증공주

세 살 미소는 아기 때부터 누가 쳐다만 봐도 울고 짜증을 부렸습니다. 게다가 사람들이 많은 장소에는 아예 들어가려 하지 않았습니다. 어른들은 미소가 너무 심하게 울고 보채면 한마디씩 하거나 혼을 냈습니다. 옆에 있는 엄마도 잔소리를 꽤 들었고요. 미소는 어딜 가도 사랑과 관심을 받기보다 눈총을 받고 꾸지람 듣는 일이 많은 아이였습니다.

그러던 중 미소 동생이 태어나고 나서 상황은 더 심각해졌습니다. 동생이 다가오기만 해도 소리를 지르고 싫다고 하고, 스치기만 해도 동생이 때렸다고 징징거리며 웁니다. 엄마랑 떨어지지를 않으려 해서 어린이집에 가는 것도 실패한 미소는 온종일 엄마와 돌이 안 된 동생과 지내며 전쟁 같은 하루하루를 보내고 있습니다.

교사 출신인 엄마는 아이에게 최대한 인격적으로 대해주려고 노력했습니다. 계속 짜증을 내거나 울음을 그치지 않는 상황에서도 화를 내지 않으려고 꾹꾹 참았습니다.

될 수 있는 한 차분한 목소리로 "왜 우는 건지 엄마한테 말해줬으면 좋겠어. 그래야 미소가 뭘 원하는지 알고 들어주지."라고 설득을 하거나 "미소가 슬퍼서 우는구나. 근데 미소가 계속 이렇게 우니까 엄마도 너무 속상해." 하면서 미소 마음에 공감해주기도 했습니다.

그러나 이러한 엄마의 노력에도 계속 울음을 멈추지 않으면 엄마도 화가 납니다. "그만 울어! 뚝 해! 엄마도 더는 못 참아!" 하고 엄포를 놓습니다. 그러면 미소는 깜짝 놀라 울음을 멈추는 듯하다가 더 큰 목소리로 울며 말합니다.

"나도 안 울고 싶은데 자꾸 눈물이 나요. 참을 수가 없어요. 엄마 안아주세요. 화내지 마세요." 하며 엄마한테 매달리기 시작합니다. 하지만 엄마도 사람이기에 드라마에서 나오는 장면처럼 아이를 안아 보듬어줄 수가 없습니다. 아니 싫습니다. 이럴 때는 내 아이지만 예쁘지가 않습니다.

"엄마 붙잡지 마! 그만 울라고 했잖아. 엄마도 화가 나서 너 안아주기 싫어."라고 말해버립니다. 화난 엄마의 말에 미소는 울음을 그치기는커녕 울다 울다 지쳐 잠이 듭니다.

그동안 수많은 아이를 대하고 가르치는 일을 오랫동안 해왔기에 육아 또한 잘 해낼 수 있을 것으로 생각했는데, 내 아이는 왜 이리 힘든 건지 모르겠습니다. 엄마는 자괴감이 들다 못해 깊은 우울감에 빠집니다. 이제 혼자 힘으로는 미소를 감당할 자신이 없어졌습니다.

아이 입장에서 먼저 생각해보기

큰 눈망울에 머리를 예쁘게 묶은 미소와 돌이 안 되어 보이는 둘째를 데리고 엄마가 상담실에 들어왔습니다. 아기 띠에서 둘째를 내려놓자 이곳저곳을 기어 다니며 장난감을 만집니다. 미소는 그럴 때마다 엄마한테 "엄마, 동생이 내가 하려는 거 자꾸 만져요." 하며 싫어합니다. "미소야, 이거 네 꺼 아니잖아. 동생이 가지고 놀게 두고 너는 엄마랑 놀자. 알았지?"라는 엄마의 말에도 미소는 동생이 싫다는 표현을 계속해서 합니다.

미소와 엄마가 노는 모습을 지켜보고, 10분 정도 촬영을 했습니다. 그리고 미소와 노는 모습이 담긴 영상을 엄마에게 보여드렸습니다. 동영상을 본 엄마는 큰 충격을 받았습니다. 미소도 엄마도 서로의 눈을 쳐다보지 않고 있었기 때문입니다. 아이는 아이대로 엄마는 엄마대로 이거 하자 저거 재밌다 계속 말하며 한 공간에서 같은 놀이를 하고 있었지만, 시선이 부딪친 적은 한 번도 없었습니다.

아이는 눈짓, 표정, 몸짓으로 자신의 정서 상태를 표현합니다. 따라서 부모가 먼저 아이의 눈짓이나 표정, 몸짓 등을 민감하게 살피고 아이의 정서 상태에 따라 적절하게 반응해줄 때 아이는 자신의 감정을 조절하는 법을 배우게 됩니다. 특히 아이가 부정적인 정서 상태일 때 부모가 얼마나 일관된 반응을 보여주느냐에 따라 아이가 자신의 정서 반응을 통제하거나 조절하는 데 결정적인 영향을 미칩니다.

그동안 엄마는 미소가 어떤 마음인지 알기 위해 아이의 눈빛이나 표정 등을 민감하게 살핀 적이 없었습니다. 그러나 아이의 감정이나 정서 상태를 이해하기 위해서는 아이의 입장에서 생각해보는 것이 중요합니다. 아이의 눈빛, 표정, 몸짓 등 비언어적 행동들을 살피며 아이의 정서 상태를 정확하게 간파하려 노력해야 합니다.

아이의 감정에 민감한 엄마

엄마는 미소가 언제 짜증이 심한지를 떠올려 보았습니다. 1위는 졸릴 때, 2위는 엄마가 안 놀아줄 때, 3위는 동생 때문에, 4위 이유 없이 그냥 혹은 이유를 모를 때 이렇게 요약되었습니다. 생각보다 이유가 단순했습니다.

미소가 짜증을 낼 때는 대부분 이유 없이 짜증을 낸다고 생각했었는데, 목록으로 뽑아놓고 보니 대게 이유가 있는 짜증이었습니다. 어떻게 하면 미소가 조금이라도 짜증을 덜 낼 수 있을까 하는 고민에 엄마는 미소의 눈을 쳐다보면서 미소가 보내는 신호들을 면밀하게 관찰했습니다. 미소의 눈빛, 표정, 몸짓 등을 자주 살피며 미소가 짜증이 날 만한 상황 자체를 줄였습니다.

평상시에 미소는 동생이 다가오기만 해도 소리를 지르며 "저리 가! 싫어! 오지 마!" 하며 소리를 지릅니다. 하지만 아직 어린 동생은 언니가 싫어하는 줄도 모르고 언니에게 자꾸 가까이 가려 합니다. 그동안 엄마는 "미소야, 동생이 놀자고 하는 건데 왜 그래? 동생하고 사이좋게 놀아."라고 미소를 타일렀습니다.

어쩌다 동생이 미소를 살짝 건드리기라도 하면 화가 난 미소는 "엄마! 미주가 나 때렸어!"라고 소리치며 동생을 확 밀쳐 버립니다. 그러면 엄마는 동생을 울린 미소를 야단쳤습니다. 이렇게 동생 때문에 엄마한테 혼나는 일이 많아질수록 미소는 동생 미주를 더 싫어하게 되었습니다.

하지만 지금은 동생 때문에 짜증을 자주 내는 미소를 생각해서 매의 눈으로 미주가 미소에게 다가가는지 주시합니다. 그러다 동생이 혼자 놀고 있는 미소에게 가는 것 같으면 "미주야, 엄마랑 이거 하고 놀자. 언니 노는 데 방해하면 안 돼." 하며 동생을 다른 쪽으로 가게 유도합니다.

그리고 미소 들으란 듯이 "미주야, 언니랑 놀고 싶어? 근데 언니는 지금 혼자 이거 만들고 싶대. 언니가 싫어하는 건 하지 말자."라고 미소 편에서 말합니다. 물론 아직 어린 동생은 엄마의 말에 잘 따라주지 않습니다. 그래도 계속해서 "미주야, 언니 놀고 있잖아. 이리와" 하고 적극적으로 아이를 데리고 옵니다. 엄마의 이런 모습에 미소는 엄마가 자기를 배려해주고 있다는 것을 느낍니다.

그리고 미소가 놀아달라고 하기 전에 "미소야, 엄마랑 놀자." 하고 먼저 얘기를 합니다. 전에는 "엄마는 미주만 예뻐하고, 나랑 놀아주지도 않고. 엄마 미워!"라고 투정을 부리는 미주를 달래려 잠깐 놀아주면 계속 놀자고 조르는 미소 때문에 결국 엄마가 화를 내는 것으로 놀이가 끝이 났습니다. 하지만 엄마가 먼저 미주랑 놀아주기 시작하면서부터 엄마가 그만 놀자고 해도 더 놀아달라고 떼쓰는 일이 없어졌습니다.

짜증 대신 웃음이 가득

엄마가 자신의 마음을 귀신같이 알아차리고, 동생 때문에 혼이 나는 일도 없어진 미소는 요즘 너무 편안합니다. 가장 큰 변화는 짜증과 울음이 확 줄어든 것입니다. 시도 때도 없이 울고, 한 번 울기 시작하면 좀처럼 울음을 그치지 않았던 미소였는데, 이제 한 달에 한 번 울까 말까 합니다.

그리고 짜증을 내거나 울 때도 엄마가 미소를 보듬어주고 달래주면 금세 진정합니다. 속상한 일이 있을 때는 무작정 울음을 터트리는 대신 엄마에게 자신의 속마음을 털어놓습니다. 그래서 엄마도 미소의 마음을 빨리 알아차리고 더 잘 위로해줄 수 있게 되었습니다.

엄마와 사이가 좋아지자 애정 표현도 부쩍 늘었습니다. 마냥 쳐다만 봐도 웃고, 와락 달려와서 안기기도 하고, 뽀뽀도 자주 합니다. 또 엄마 얼굴을 유심히 쳐다보며 엄마의 기분을 살핍니다. 엄마 기분이 안 좋아 보이면 어깨를 주물러주기도 하고, 엄마가 피곤하지 않게 알아서 장난감을 정리하기도 합니다.

동생 미주가 그다지 예쁘지는 않지만 엄마를 기쁘게 해주기 위해서 동생이 다가와도 짜증을 참고, 같이 놀기도 합니다. 물론 싸울 때야 당연히 있지만 전처럼 동생이 가까이 오기만 해도 싫다고 하거나 소리를 지르는 일은 더 이상 없습니다.

그리고 가장 큰 변화는 미소가 어린이집 등원에 성공한 것입니다. 24개월 때, 35개월 때 두 차례나 적응에 실패한 경험이 있는 미소였는데, 비록 3일간의 고비가 있긴 했지만 이번엔 무사히 어린이집 적응에 성공했습니다. 짜증공주에서 애교공주로 변신한 미소 덕분에 항상 울음바다였던 집안이 웃음꽃으로 가득합니다.

아이 상태에 민감하기

아이가 자신의 감정을 표현하는 단서들을 자세히 살피고 아이의 입장에서 먼저 생각해보도록 노력합니다. 아이의 감정 상태는 갑자기 변화하며, 한 장면에서 다른 장면으로 순식간에 옮겨 갈 수 있습니다. 따라서 그때마다 아이가 보여주는 단서를 읽어낼 수 있어야 합니다.

눈빛, 표정, 몸짓 등 아이가 만들어내는 다양한 비언어적인 행동이 무엇을 말하고 있는지 그 의미를 이해하려 노력해보세요.

이렇게 해보세요 아이 관찰 노트 쓰기

엄마는 '갑자기', '이유 없이', '괜히'라고 생각할 수 있지만 아이의 모든 행동에는 반드시 이유가 있습니다. 아이는 자기만의 방식으로 신호를 보내지만, 그 신호를 엄마가 미처 알아채지 못하는 경우가 많습니다.

우리 아이가 별난 아이라서 그런 게 아닙니다. 아이들은 아직 미숙해서 말로 표현하기보다 비언어적인 행동으로 자신의 기분을 표현합니다. 따라서 아이의 행동을 자세히 살펴보고 분석하는 '아이 관찰 노트'를 써보는 것은 아이의 정서 상태를 파악하는 데 많은 도움이 됩니다.

관찰 노트를 쓰면서 아이를 조직적으로 관찰하다 보면 아이의 문제행동을 객관적으로 바라볼 수 있는 눈이 생깁니다. 문제행동을 어떻게 하면 못 하게 할까 고민하기 전에 아이가 왜 문제행동을 하는지 그 원인을 찾아보세요. 원인을 알면 아이가 문제행동을 보이는 상황에 적절하게 대처할 수 있게 됩니다.

관찰 노트(20XX. △월 △일 ~ △월 △일)			
	행동	원인	대처
기분이 나쁠 때	갑자기 어린이집에 안 가겠다고 떼를 씀	원하는 양말이 아무리 찾아도 없었음	앞으로는 양말 정리에 신경을 써서 아이가 찾기 쉽게 해줘야겠다.
	옷을 안 입겠다고 아침부터 대성통곡을 함	밤새 더워서 아이가 잠을 충분히 못 잤음	더 얇은 옷을 입히거나 에어컨 온도도 조절해서 아이가 잠을 충분히 잘 수 있는 환경을 만들어 줘야겠다.

	행동	원인	대처
불안할 때	자꾸 배가 아프다는 말을 함	엄마랑 주말에 못 놀았음	이번 주말에는 아이와 시간을 보내면서 더 안아주고 보듬어 줘야겠다.

욱하면 주먹부터 나가요

여섯 살 태욱이 엄마는 전화가 오면 가슴이 덜컹 내려앉습니다. 폭력을 휘두르는 태욱이 때문에 수시로 유치원에서 연락이 오기 때문입니다. 태욱이한테 맞지 않은 아이가 거의 없을 정도라서 친구들은 태욱이를 피하고 같이 놀려고 들지 않습니다.

잘 놀다가도 태욱이만 오면 피해버리는 친구들 때문에 태욱이는 또 화가 납니다. 한 번 화가 나면 참지를 못하고 누가 되었든지 화풀이를 해야 하는 태욱이는 심지어 선생님한테도 서슴없이 발길질을 하고 욕도 합니다.

하루는 유치원에서 점점 심해지는 태욱이의 문제행동을 더 이상 감당하기 어려울 것 같다고 연락이 왔습니다. 그리고 태욱이를 위해서도 전문가의 도움이 필요할 것 같다며 상담을 권유받았습니다.

엄마는 태욱이가 왜 이렇게 되었을까 생각해봅니다. 아기 때는 방실방실 잘 웃는 순한 아이였는데… 아빠의 사업 실패로 경제적으로 많이 힘들어지면서 엄마는 아빠와 잦은 부부싸움을 하게 되었습니다. 그때부터 지금까지 집안 분위가 평온했던 적이 거의 없습니다.

엄마는 깊은 우울증을 앓게 되었고, 마음이 아프다 보니 몸도 많이 아팠습니다. 그래서 한창 사랑을 받고 관심을 받아야 할 시기에 태욱이는 TV를 보거나 스마트폰을 보면서 혼자 보내는 시간이 많았습니다. 엄마는 태욱이가 TV만 틀어주면 되는 손이 덜가는 아이라고 생각했었습니다.

그런데 동생이 태어나면서 문제가 생겼습니다. 태욱이는 엄마가 안 보는 틈을 타서 가만히 누워있는 동생 얼굴에 베개를 올려놓거나 동생을 꼬집고 때렸습니다. 자지러지는 아이에 놀란 엄마는 태욱이에게 화를 내고 무섭게 혼을 냈습니다.

처음에는 태욱이도 엄마 무서운 줄 알고 다시는 안 그러겠다고 했는데 그때뿐이었습니다. 점점 더 크게 소리를 지르고 혼을 내야 듣는 시늉을 하더니, 이제는 말로만 해서는 소용이 없습니다. 그래서 매를 들기도 했고, 때로는 감정이 격해져서 하지 말아야 할 말도 많이 했습니다.

언제부터인가 태욱이는 동생뿐만 아니라 친구들도 가차 없이 때리기 시작했습니다. 이런 태욱이의 행동에 너무 힘든 엄마는 울면서 "태욱아, 엄마가 정말 부탁할게. 엄마 소원이야. 제발 친구들 때리지 말자."라고 애원을 했습니다.

하지만 태욱이는 눈 하나 깜짝하지 않습니다. 엄마는 태욱이의 마음 속

깊은 곳에 분노가 쌓여있는 것이 느껴집니다. 아이가 클수록 폭력성은 더해지고 문제행동은 걷잡을 수 없어질 텐데 누구의 말도 듣지 않는 태욱이를 어떻게 해야 할지 몰라 엄마는 눈물만 납니다.

따뜻한 가슴으로 받아주기

작은 키에 바가지 머리를 한 귀여운 인상의 태욱이가 엄마와 함께 상담실로 들어옵니다. 엄마가 선생님과 얘기하는 동안 얌전히 앉아서 장난감을 가지고 놀며 잘 기다려주는 태욱이를 보니 폭력적인 행동을 한다는 것이 상상이 안 갈 정도입니다.

태욱이는 엄마랑 단 둘이 있을 때는 세상에 둘도 없는 착한 아들이라고 합니다. 그런데 동생과 함께 있으면 반드시 문제가 발생합니다. 매번 동생은 태욱이한테 맞아 울고, 태욱이는 엄마한테 혼이 나서 악을 쓰며 우는 게 일상이 되어버렸다며 엄마는 한숨을 쉽니다.

화가 나면 다른 사람에게 욕을 하고 폭력을 쓰는 태욱이는 협력 능력이 부족한 아이입니다. 태욱이의 폭력적인 행동을 줄이고 엄마에게 협력적인 태도를 높일 수 있도록 우선 태욱이가 하는 것은 무엇이든 수용해주는 방법을 써보기로 했습니다.

이 방법은 아이가 하는 행동은 어떤 것이든 지지해주고 반응해주는 것으로 다른 사람에게 피해를 주거나 아이가 다칠 수 있는 위험한 행동 혹은 부모에게 버릇없이 구는 행동은 제외합니다.

평소보다 더 넓고 깊은 수용을 경험한 아이는 부모가 바라는 것을 더 많이 수용해줍니다. 반응하는 방법을 부모로부터 경험한대로 배우기 때문입니다. 이때 아이에게 요구하는 횟수가 적을수록 아이는 부모의 말에 더 잘 순응하게 됩니다.

잔소리 대신 사랑으로

상담을 받고 돌아온 엄마는 그동안 태욱이에게 했던 말을 떠올려 봤습니다. 유치원에 가는 태욱이를 붙잡고 엄마는 매번 같은 말을 했습니다.

"태욱아, 유치원에 가서 선생님 말씀 잘 들어야 해. 그리고 친구들하고 사이좋게 지내고 싸우지 말자. 알겠지? 제발 엄마 부탁이야!"라고 신신당부하는 건 오전 인사고, "태욱아, 오늘 선생님 말씀 잘 들었어? 친구들하고 사이좋게 지냈니?"라고 묻는 건 오후 인사나 다름이 없었습니다.

또 태욱이가 동생한테 가까이만 가도 엄마는 "태욱아, 동생 때리면 안 돼!"라고 먼저 혼을 냈습니다. 태욱이가 동생을 때릴 생각이 없었다고, 그냥 지나가려 했던 거였다고 말을 해도 엄마는 "거짓말 하지 마! 엄마가 모를 줄 알고? 엄마가 다 보고 있어."라며 태욱이를 야단쳤습니다.

엄마는 태욱이에게 했던 말들을 되짚어 보았습니다. 거의 다 잔소리였습니다. 잔소리 때문에 엄마가 하는 말에 반감이 쌓였을 수 있다는 선생님의 조언에 따라 엄마는 잔소리를 확 줄여보기로 했습니다. 그런데 막상 잔소리를 하지 않고 말을 하려니 태욱이에게 무슨 말을 해야 할지 모르겠습니다. 가는 곳마다 사건사고가 끊이질 않는 태욱이 때문에 마음을 졸이다 보니까 자신도 모르게 잔소리만 늘었나 봅니다.

말 습관 먼저 바꿔보기로 마음먹은 엄마는 아침에 유치원에 가는 태욱이에게 매번 하는 잔소리 대신 "태욱아, 오늘도 잘 다녀와. 아들, 사랑해."라고 말하며 태욱이를 안아주었습니다.

평소에 안 하던 애정 표현을 하려니 아들인데도 너무 어색해서 입이 잘 떨어지지 않고 얼굴이 붉어졌지만 꾹 참고 태욱이를 위해 노력했습니다. 태욱이도 갑작스러운 엄마의 애정 표현에 어리둥절한 표정이지만 기분이 나쁘지 않은지 쑥스러운 미소를 지으며 유치원 차에 올라탑니다.

그날 유치원에서 돌아온 태욱이를 엄마는 다시 꼭 안아주었습니다. 다행이 아침보다는 덜 어색합니다.

"우리 태욱이 잘 다녀왔어? 엄마는 태욱이가 참 보고 싶더라." 하며 손을 꼭 잡고 집으로 돌아왔습니다. 확 달라진 엄마의 태도가 이상한지 태욱이가 묻습니다.

"엄마, 왜 그래? 갑자기 왜 이렇게 친절해?"

"엄마가 그동안 우리 태욱이한테 잘 못 해준 게 너무 속상하고 미안했는데, 상담하면서 선생님한테 태욱이한테 어떻게 해줘야 하는지 배웠어. 그래서 엄마가 노력 중이이야. 엄마는 우리 태욱이랑 행복하게 지내고 싶은데 방법을 너무 몰랐어. 태욱아, 그동안 힘들었지? 엄마가 미안해. 엄마가 우리 태욱이 마음도 몰라주고, 화만 냈던 것 같아. 사실 엄마도 태욱이를 혼낼 때마다 많이 속상했어. 앞으로는 우리 태욱이 마음 아프지 않게 엄마가 노력할게."

엄마는 태욱이에게 있는 사실 그대로의 속마음을 전했습니다. 태욱이는 아무런 대꾸 없이 엄마 말을 듣고 있더니 커다란 눈망울에 눈물이 차올라서는 이내 소리 없이 눈물을 뚝뚝 흘립니다. 태욱이의 눈물에 눈시울이 붉어진 엄마는 얼른 태욱이를 끌어안아 주었습니다.

저녁밥을 먹은 후 태욱이가 열심히 레고를 가지고 놀고 있는데, 그게 궁금한 동생이 형에게 다가갑니다. 엄마는 얼른 동생을 번쩍 안고서는 "형아 노는 거 방해하지 말자." 하며 태욱이에게 멀리 떼어 놓습니다. 그리고 "태욱아, 태진이는 엄마가 여기서 놀게 할 테니까 레고 실컷 만들고 놀아. 태진이가 방해하지 못 하도록 할게."라는 말도 잊지 않고 합니다.

엄마의 배려에 태욱이는 내색은 안 하지만 기분이 좋은 눈치입니다. 그동안 좋아하는 레고 놀이도 동생이 건드려서 실컷 가지고 논 적이 없었고, 항상 동생에게 양보하라고 하는 엄마의 잔소리에 화가 나고 속상했는데 말입니다. 엄마도 잔소리 대신 따듯한 말, 배려하는 말을 하는 것이 점점 익숙해져 갑니다.

엄마가 기쁘면 나도 좋아

요즘 태욱이는 엄마가 묻지도 않았는데, 자기가 먼저 유치원에서 있었던 일을 자세히 얘기합니다.

"엄마, 오늘 친구가 나를 건드려서 정말 화가 났어. 그래서 친구를 팍 쳐버리고 싶었는데 엄마 기쁘게 해주려고 참았어."

"그랬어? 아이고, 예쁜 내 강아지. 엄마가 너무 감동받았어. 고마워." 하며 엄마는 태욱이의 엉덩이를 토닥토닥 두드려주고 얼굴에 뽀뽀를 해주었습니다.

한번은 엄마와 태욱이, 태진이까지 셋이서 마트에 다녀오던 길이었습니다. 졸려서 찡찡 대던 동생이 카트 안에서 잠이 들어버렸습니다. 택시를 타고 가기엔 너무 가까운 거리라서 엄마는 동생을 업고 가기로 했습니다.

아이를 업고 집까지 들자니 버겁던 차에 태욱이가 슬쩍 다가오더니 엄마 손에 있던 봉지를 들고 갑니다. 여섯 살 꼬마가 들기엔 무거운 짐인데도 집에 도착할 때까지 힘들다는 투정 한마디 없이 묵묵히 들어줍니다. 조금만 힘들거나 불편해도 참는 법 없이 불같이 화를 내던 아이가 손이 빨개지도록 엄마를 위해 짐을 들어주는 모습에서 엄마는 많은 변화를 느낍니다.

그제는 유치원에 학부모 상담이 있어 다녀왔습니다. 선생님은 엄마에게 요즘 태욱이가 많이 달라졌다며 칭찬을 합니다. 가끔 친구들과 다툴 때도 있지만 예전에 비하면 태욱이의 폭력적인 행동이 현저히 줄어들었다고 했습니다. 한번 화가 나면 쉽게 진정하지 못했는데, 이제는 태욱이가 스스로 참는 모습도 보이고 선생님이 달래주면 곧 마음을 푼다고 합니다. 그리고 전에는 태욱이에게 화가 난 이유를 물으면 무조건 악을 쓰며 울기만 했는데, 이제는 말로 자신의 마음을 표현해주어서 선생님도 태욱이를 이해할 수 있게 되었다고 합니다.

무조건 하지 말라며 잔소리하던 것을 내려놓고 아이가 원하는 것을 마음껏 하도록 수용해주고 노력해준 것만으로 태욱이는 정말 많이 변했습니다. 화도 줄고 엄마를 기쁘게 하려고 노력하는 태욱이를 볼 때마다 엄마는 행복한 웃음이 납니다.

아이가 하는 것은 무엇이든지 수용하기

아이가 하는 행동은 무엇이든지 지지해주고 반응해주세요. 단, 다른 사람에게 해가 되거나 위험한 행동은 제외합니다.

수용의 테두리는 넓혀주되 그 테두리를 명확하게 정해주세요. 예를 들어 그동안은 엄마의 규칙대로 무조건 집에 들어오면 숙제부터 한 후에 놀았다면, 이제부터는 아이가 원하는 대로 먼저 놀고 난 후에 숙제를 하는 것을 허용해주세요. 단, 식사 전까지 숙제를 마쳐야 된다는 단서를 붙이고 아이에게 먼저 하고 싶은 것을 선택할 기회를 주고 기다려줍니다.

이렇게 해보세요 ▶ 말 습관 고치기

평상시 아이에게 자주 했던 말들을 떠올려보세요. "안 돼" 혹은 "하지 마"라는 말을 자주 했다면 표현을 달리해봅니다.

"안 돼" 대신 "뛰어내리는 건 위험해"
"하지 마" 대신 "뛰어내리면 다칠까 봐 걱정돼"

아이는 "안 돼"의 '안'자만 들어도 또 자기가 원하는 행동을 못 하게 막는다는 생각에 짜증이 납니다. 엄마가 하는 말에 반감이 쌓이고 갈등만 심해집니다.

표현을 조금만 달리해도 "우리 엄마가 웬만한 건 다 허용해주는데 이번에 안 된다는 건 진짜 안 되는 건가 보다."라고 자연스럽게 순응하게 됩니다.

> 이렇게 해보세요 **잔소리 목록 작성하기**

아이에게 자주 했던 잔소리를 목록으로 작성해보세요. 불필요한 잔소리를 줄이는 데 도움이 됩니다. 또 아이에게 못 하게 했던 행동도 적어보고, 앞으로는 아이의 행동을 어떻게 수용해줄지 적어봅니다.

동생 때리지 마	동생을 위하는 행동을 했을 때 물개박수 치며 칭찬해주기
친구들과 사이좋게 지내	아이가 이미 알고 있는 얘기를 굳이 반복할 필요 없음
소리 지르지 마	"조금 작게 얘기해주면 좋겠어."라고 다른 표현으로 말하기
울지 말고 말로 얘기해	아이 마음을 먼저 읽어주려고 노력하기

학교 가기 싫어요

여덟 살 수진이는 아기 때부터 유명했습니다. 조금만 불편하거나 기분이 좋지 않으면 바로 짜증을 내거나 울어버리는 유별난 아이로 말입니다. 왜 그러는 건지 말을 해주면 해결해줄 텐데 무조건 소리를 지르고 울기만 하니까 엄마는 어떻게 해줘야 할지 알 수가 없습니다. 그저 어르고 달래면서 수진이가 진정할 때까지 기다리는 게 최선입니다.

그러던 중 수진이가 초등학교에 입학하고 나서 며칠이 되지 않아 큰 문제가 터졌습니다. 학교에서 특별한 일이 있었던 것 같지는 않은데, 아이가 등교를 거부하기 시작한 것입니다. 가기 싫어도 학교에 가야 한다고 아무리 달래고 설득을 해도 소용이 없었습니다. 억지로 학교에 데려가면 심하게 울고 난리를 치는 바람에 집으로 데려올 수밖에 없었습니다.

이런 상태로 한 주가 흘렀고 고민 끝에 상담센터에서 전문가와 상담을 한 결과, 아이가 원하지 않으면 일단 학교를 보내지 말라는 조언을 들었습니다. 그런데 소아정신과에서는 아이의 불안 문제는 쉽게 해결되는 게 아니라고 하며 다른 해결책을 제시합니다. 불안에 도움이 되는 약 처방과 함께 아이가 가고 싶지 않다고 떼를 써도 어떻게 해서든 학교에 가게끔 다양한 방법을 시도해보라고 합니다. 이렇게 전문가마다 소견이 다르고, 주변에는 수진이처럼 심하게 등교를 거부하는 아이도 없어 엄마는 어떤 방법을 써야 할지 막막하기만 합니다.

아이가 지켜야 할 명확한 테두리 세우기

앞머리는 눈을 가릴 정도로 길게 내려와 있고 잔뜩 찡그린 표정의 수진이는 엄마와 선생님이 얘기하는 동안 고개를 들지 않고 바닥만 내려다보고 있습니다. 선생님이 묻는 말에 대답도 없고, 집에 가자고 계속해서 엄마의 팔을 잡아당깁니다.

놀이실에서 엄마와 놀 때도 아무 말 없이 인형만 만지작댑니다. 엄마가 무슨 말을 해도 그냥 집에 빨리 가자고 조르기만 해서 상담을 하는 것 자체가 어려울 정도입니다.

어릴 때부터 유난히 까다로운 아이의 비위를 맞춰주느라 지친 엄마는 그동안 웬만하면 수진이가 원하는 대로 거의 다 들어줬습니다. 받아주면 안 된다는 것을 알지만, 계속 징징거리며 우는 통에 수진이의 고집에 넘어갈 때가 많았습니다.

어떻게 보면 아이가 원하는 것에 즉각적으로 반응해주는 온정적인 엄마 같지만, 실상은 아이가 하자는 대로 끌려다니고 아이가 지켜야 할 테두리를 명확하게 제시해주지 못하는 허용적인 엄마입니다.

이런 엄마의 무조건적 허용은 아이가 좌절하거나 스트레스를 받았을 때 스스로 화를 가라앉히고 감정을 조절하는 데 방해물로 작용합니다. 수진이처럼 자기가 원하는 대로 되지 않으면 심하게 짜증을 내는 아이의 경우 자신의 감정을 다룰 수 있는 자기 규제 능력을 신장시켜줄 필요가 있습니다.

부모가 아이의 현재 사회정서 수준에 부합하는 규칙을 제시하고, 아이가 자신의 기질이나 행동 유형에 따라 반응할 것이라고 기대할 때 아이의 행동을 성공적으로 다룰 수 있습니다.

엄마의 권위 세우기

엄마는 상담 시간에 배운 대로 수용해줄 것은 흔쾌히 허락해주며, 수진이에게 더 온정적인 태도로 대했습니다. 아이의 사소한 요구나 행동에도 즉각적으로 반응해주었습니다. 전에는 수진이가 부르면 "응" 하고 짧게 대답하고는 끝이었는데, 이제는 설거지를 하다가도 멈춰서 꼭 눈을 마주치고 대답을 해줬습니다. 그랬더니 아이의 짜증이 점점 줄어들고, 열 번 중 한두 번 정도 원하는 것을 들어주지 못하는 상황이 돼도 떼를 쓰지 않고 이해해주고 넘어가 줍니다.

그러면서 엄마는 되고 안 되는 것에 대한 규칙도 명확하게 제시했습니다. 처음에는 수진이가 더 심하게 고집을 피우고 생떼를 부리기도 했지만, 전과는 다르게 엄마가 무조건 허용해주지 않는다는 것을 알았는지 엄마의 말에 귀를 기울이기 시작했습니다. 그리고 엄마가 정한 테두리 안에서 규칙을 지키려는 시도들이 늘면서 자연스럽게 엄마의 권위도 섰습니다.

이렇게 수진이의 일상이 편안해지고 어느 정도 안정감이 생겼다고 판단한 엄마는 학교 문제를 아이와 함께 풀어나가기로 했습니다. 학교에 잘 적응할 수 있도록 함께 노력해보자고 수진이를 찬찬히 설득했습니다. 계속된 엄마의 설득에 수진이는 마지못해 고개를 끄덕였고, 그렇게 엄마와 함께 듣는 학교 수업이 시작되었습니다.

일주일 동안 엄마는 수진이 옆자리에 앉아서 함께 수업을 듣기로 했습니다. 월요일부터 목요일까지 온종일 아이 옆에 붙어서 수업을 들은 엄마는 수진에게 금요일 마지막 1교시는 혼자서 수업을 들을 수 있겠냐고 물었습니다. 그랬더니 수진이는 그럴 수 있다고 대답합니다. 수진이의 장담대로 아무런 문제없이 금요일 수업이 끝났습니다.

그다음 주부터 교실에는 수진이 혼자 들어가고 엄마는 복도에서 기다리기로 했습니다. 처음에는 수업 시간 내내 엄마가 복도에 있는지 확인하느라 힐끔힐끔 쳐다보더니, 두 번째 수업부터는 엄마를 쳐다보는 횟수가 줄어듭니다. 마지막 수업 시간에는 복도에 신경을 쓰지 않고 수업에만 집중합니다.

셋째 주부터 엄마는 복도에 두 시간만 서 있기로 하고, 시간이 지나면 곧장 집으로 돌아왔습니다. 넷째 주에는 수진이 혼자서 수업을 듣고 엄마는 잠깐씩 학교에 들러 쉬는 시간에만 수진이를 보기로 했습니다. 아침에 엄마와 떨어질 때 잠깐 눈물을 보이긴 했지만 학교에 가지 않겠다고 떼를 쓰거나 매달리지는 않았습니다. 점차 엄마가 곁에 없어도 덜 불안해하는 게 눈에 보입니다.

중간에 방학도 보내고 엄마가 학교에 들른 지도 두 달이 넘었을 무렵, 수진이는 더 이상 학교에 가기 싫다는 말을 하지 않습니다. 쉬는 시간에 엄마가 찾아가도 "엄마 왔어? 나 음악실 가야 해. 안녕!" 하면서 아무렇지 않게 친구들과 함께 다른 교실로 이동합니다. 수진이가 할 수 있을 만큼 규칙을 정하고 기대를 했더니 신기하게도 언제 학교에 가기 싫어했나 싶게 학교에 적응을 잘합니다.

스스로도 잘 하는 수진이

수진이는 짜증과 울음은 확 줄고 웃음이 많아진 밝은 아이가 되었습니다. 이웃 어른들한테도 웃으며 인사도 잘하고 한번씩 먼저 말을 걸기도 합니다. 이런 모습에 사람들은 "수진이가 왜 이렇게 밝아졌어?"라고 깜짝 놀라 물어봅니다.

성격만 밝아진 게 아닙니다. 스스로 하는 일도 많아졌습니다. 전에는 세수도, 옷 입는 것도, 밥 먹는 일도 모두 엄마가 해주었습니다. 시켜도 하지 않고, 엄마에게 해달라고 생떼를 부리며 울고불고 난리가 나는 탓에 엄마가 해줄 수밖에 없었습니다. 그런데 이젠 수진이가 알아서 옷도 입고 세수도 합니다.

요즘 수진이는 엄마가 더 잘해주고 더 잘 놀아주니까 사랑받는 느낌에 행복합니다. 그래서 다른 사람들에게 친절해지고, 자꾸만 무엇이라도 해주고 싶습니다. 하루는 집에 놀러 온 친척 언니들이 목마르다고 하니까 시키지도 않았는데 벌떡 일어나 물을 가져다줍니다. 예전 같으면 수진이가 심부름을 한다는 건 상상도 할 수 없었던 일이라 언니들도 수군거리며 "수진이가 착해졌네."라고 얘기를 합니다.

또 다른 변화는 수진이가 아이답게 놀기 시작한 것입니다. 그동안 수진이는 밖에 나가서 신나게 뛰어논 적이 별로 없습니다. 더우면 덥다고, 추우면 춥다고 싫어해서 밖에 나가기보다 집에서 조용히 노는 걸 좋아했습니다. 그런데 최근에는 그네를 타러 놀이터에 갔다 오기도 하고, 친구네 집에 혼자 놀러 가기도 합니다. 전에는 친구가 놀자고 해도 대꾸도 안 하고 엄마 옆에만 붙어 있었는데, 이제는 또래 친구들이랑 어울려 노는 즐거움을 알게 되었나 봅니다.

발달 수준에 맞는 규칙과 기대 가지기

아이의 사회정서적 능력에 부합하는 규칙을 제시하고 기대를 할 때 아이는 부모의 말에 더 잘 협력하고, 문제행동이나 부적응 문제가 나타날 가능성이 낮아집니다.

아이가 문제행동을 하거나 부모의 기대에서 벗어나는 행동을 한다면 아이가 그렇게 행동하는 공통적인 상황을 확인해보세요. 만약 아이의 발달 수준보다 높은 규칙과 기대를 설정했다면 수준에 맞게 조절해주세요.

이렇게 해보세요 발달 수준에 맞는 기대하기

우리 아이의 발달 수준을 객관적으로 점검해봅니다. 그리고 그 결과에 따라 현재 엄마의 기대와 규칙을 아이의 발달 수준에 맞게 수정합니다.

- 만약 5분 이상 한자리에 얌전히 앉아 식사하는 것이 불가능한 아이라면, 식사 시간에 5분 이상 앉아 있는 것을 기대하지 않습니다. 이럴 때는 아이 놀이방이 따로 있는 식당을 알아보거나 외식을 자체를 자제하는 것이 좋습니다.

- 만약 차례대로 줄을 서거나 순서를 지키는 것이 어려운 아이라면, 붐비는 시간대에 놀이터를 이용하는 것을 피합니다. 오늘은 혹시 우리 아이가 의젓하게 줄을 서지 않을까 하는 기대를 하지 않습니다. 아이들이 적은 놀이터를 찾아가거나 붐비지 않는 시간대에 놀이터를 이용하는 것이 좋습니다.

- 만약 화가 난 상태이거나 맘대로 되지 않을 때 폭력적인 행동을 보이는 아이라면, 아이들만 놀게 놔두고 멀리서 지켜보지 않습니다. 아이가 엄마가 하는 말에 주의를 기울여 갑자기 친구들과 사이좋게 지내는 것을 기대하지 않습니다. 아이들 가까이에 자리를 잡고 있다가 문제가 발생하기 전에 아이를 떨어뜨려 놓는 것이 좋습니다.

겁쟁이에다 엄마 껌딱지

네 살 한솔이는 태어나서 지금까지 단 30분도 다른 사람 손에 맡겨진 적이 없습니다. 돌봐줄 사람이 없기도 했지만 한솔이가 낯선 사람에게는 절대 가질 않아서 엄마가 항상 아이 곁에 붙어 있어야만 했습니다.

아이와 늘 '함께'라는 복병 때문에 엄마의 일상은 수월하지 않을 때가 많습니다. 커피 한 잔 마시며 기분전환이라도 할 겸 카페에 가면 한솔이는 5분마다 한 번씩 화장실을 가고 싶다고 보챕니다. 낯선 장소에 가면 어김없이 화장실에 가고 싶어 하는 한솔이 때문에 엄마의 행복은 단 5분을 넘지 못합니다.

엄마는 편안하게 자본 적도 별로 없습니다. 밤에 자다 깨기를 반복하고 소리를 지르거나 발길질을 하는 한솔이 때문입니다. 한솔이의 발에 차여 옆에서 잘 자던 오빠까지 깨면 집안은 아수라장으로 변합니다. 숙면이 보장되지 않는 삶은 정말 피곤 그 자체입니다.

뭐가 그리 불안해서 한솔이가 이러는 건지 엄마는 이해가 되지 않습니다. 아이를 위해서 일도 포기하고 온전히 육아에만 집중한 결과가 불안이 높아 아무것도 못 하는 아이라니…. 엄마는 이런 상황이 너무 가혹하다고 느껴집니다.

게다가 아이의 불안이 엄마와의 불안정한 애착 때문이라는 말을 들으면 엄마의 마음에는 분노가 일어납니다. 얼마나 더 끼고 키워야 대체 안정적인 애착이 형성되는 건지 엄마는 전문가들이 쉽게 하는 조언을 받아들이기 힘듭니다.

아이의 두려움을 인정해주기

한솔이가 엄마 손을 꼭 잡고 상담실로 들어옵니다. 낯선 공간에 있는 것이 불편한 표정입니다. 엄마가 "한솔아, 장난감 진짜 많지? 여기서 엄마랑 놀자."라고 말하며 이것저것 장난감을 꺼내 놀아줘도 좀처럼 놀이에 집중하지 못합니다. 상담실이 엄마랑 놀 수 있는 재미있는 공간이란 것을 알지만, 그래도 불안한지 자꾸만 화장실에 가고 싶다고 합니다. 화장실을 왔다 갔다 하는 한솔이 때문에 엄마도 상담에 집중할 수가 없습니다.

평소에 많은 에너지를 소모시키는 한솔이 때문에 엄마는 이미 방전 상태입니다. 육체적으로나 정신적으로 한계에 다다른 엄마는 한솔이가 무엇 때문에 불안해하는지 고민해볼 여력이 없었습니다. 그래서 뭔가 문제가 발생하면 아이의 입장에서 생각해보는 대신 잘못된 점을 지적하고 고쳐주는 데 열중했습니다. 그러다 안 되면 무섭게 혼을 내며 한솔이를 몰아붙였습니다.

하지만 한솔이를 야단치고 다그쳐도 문제는 전혀 개선되지 않았고, 오히려 엄마와의 관계만 나빠졌습니다. 이제 엄마도 매일 반복되는 악순환을 그만 멈추고 싶습니다.

아이에게 정서적 안정감을 주는 부모와의 애착관계는 부모와 아이가 함께하는 시간에 비례합니다. 하지만 시간의 총량보다 더 중요한 것은 아이와 어떻게 시간을 보내느냐 하는 방법의 문제입니다. 그런데 그 방법이라는 것이 기질이 까다롭고 예민한 아이의 경우 맞춰주기 힘들 때가 많습니다.

매사가 불안한 한솔이는 자신감이 부족한 아이입니다. 한솔이의 자신감을 높여주기 위해 먼저 아이의 두려움을 의미 있고 적합한 것으로 대해주는 태도가 중요합니다. 아이가 느끼는 두려움을 부모가 무시하지 않고 인정해줄 때 공포에 대처할 수 있는 안정감과 자신감이 생기게 됩니다.

엄마는 그동안 다른 아이들은 잘만 하는데 한솔이만 무서워서 못

하겠다고 할 때마다 뭐가 무섭냐고 타박하며 어서 해보라고 한솔이를 압박했습니다. 하지만 상담을 통해 한솔에게 맞는 방법을 배운 엄마는 지금부터 아이의 두려움을 인정해주기로 합니다.

그래, 무서울 수 있어

다른 아이들은 아무렇지 않게 잘만 타는 그네 앞에서 한솔이는 무서워서 못 타겠다며 엄마에게 매달립니다.

"무섭긴 뭐가 무서워! 너 네 살이야. 다른 애들도 잘만 타잖아." 하며 별것도 아닌 것을 무섭다고 하는 한솔이에게 그만 징징대라고 쏘아붙였습니다. 엄마의 핀잔에도 한솔이는 무섭다는 말만 계속하며 발걸음을 떼지 않습니다.

엄마는 그런 한솔이를 안아서 억지로 그네에 태웠습니다. 한번 타보면 그네는 무서운 게 아니라는 걸 금방 알게 될 거라 생각했기 때문입니다. 그런데 그네에 강제로 앉혀진 한솔이는 "싫어! 안 타! 엄마 미워!" 하고 발버둥을 치며 버티다 그네에서 번개같이 내려와선 울음을 터트립니다. 이러한 한솔이의 반응에 결국 엄마는 폭발합니다.

"야! 도대체 왜 그래! 그네가 뭐가 무서워. 너보다 어린 애들도 다 타는데!"

그동안 엄마와 한솔이의 놀이는 항상 이런 식이었습니다. 하지만 상담 후 엄마는 자신의 이러한 행동이 한솔이의 불안을 더 키우고 엄마와의 관계만 망가뜨렸다는 것을 알게 되었습니다. 그래서 엄마는 이해는 안 가지만 한솔이가 무섭다고 하거나 두려워하는 것을 '그럴 수 있지' 하고 인정해주기로 했습니다.

다시 놀이터에 놀러 간 날, 한솔이는 엄마가 또 그네에 억지로 태울까 봐 무서운지 "엄마, 나 그네 무서워!"라고 얘기합니다. 한솔이의 말에 엄마는 "그네가 무섭다고? 그래, 무서울 수 있어."라고 말하며 한솔이의 두려움을 인정해주었습니다. 평소와 다른 엄마의 반응에 한솔이는 놀란 눈치입니다. 한참을 다른 아이가 그네 타는 것을 지켜본 한솔이가 엄마에게 작은 목소리로 말합니다.

"엄마, 나 그네 탈 수 있을까? 무섭지 않을까?"

"그럼, 한솔이도 그네 탈 수 있지. 그런데 정말 무서우면 안 타도 돼. 괜찮아."

엄마의 말에 용기가 난 모양인지 한솔이가 드디어 속마음을 털어놓습니다. "엄마, 나 사실 그네를 타고 싶긴 한데 혼자서는 무서워서 못 타겠어."라고요.

"그래? 혼자 못 타겠으면, 엄마랑 같이 타 보자."

엄마는 한솔이를 안고 그네를 탑니다. 처음으로 그네를 타 본 한솔이는 재미있다고 또 타자고 난리입니다. 그렇게 엄마와 함께 그네를 몇 번 타더니 "엄마! 이제 나 혼자 타볼게."라고 말하며 그렇게 무서워하던 그네를 혼자서 탑니다.

나는야, 용감이

한솔이와 엄마는 놀이터로 출동했습니다. 한솔이가 모래 들어 간다며 신발을 벗자 엄마도 맨발로 모래밭에 털썩 앉습니다. 엄마의 이런 모습에 한솔이는 약간 놀란 것 같더니 이내 씩 웃습니다. 그러고는 아무렇지 않게 "엄마, 나 그네 탈래." 하더니 그네를 밀어달라고 합니다. 더 세게 더 높이 밀어달라고 하면서 "진짜 재밌다! 엄마, 나 용감하지?"라고 묻습니다.

지난번 혼자 그네 타는 것에 성공한 후로 자신감이 생긴 한솔이는 미끄럼틀, 시소에도 도전하며 "나는 용감이! 나는 용감이!"라고 외칩니다. 미끄럼틀을 거꾸로 올라가는 것도 친구와 시소 타는 것에도 성공한 한솔이는 뭔가 해냈다는 생각에 기분이 좋습니다.

그날 이후로 한솔이는 "엄마, 나는 용감이야! 무섭지 않아."라는 말을 자주 합니다. 엄마도 한솔이를 "용감이, 우리 씩씩한 용감이"라고 불러주었습니다. 자신감이 부쩍 생긴 한솔이는 엄마에게 더 씩씩한 모습을 보여주고 싶어 그동안 무서워서 시도조차 안 했던 일들을 용기 내어 도전해봅니다.

불안증이 사라진 한솔이는 이제 잠도 푹 잘 잡니다. 예전에는 자려고 누우면 두세 시간을 굴러다니다 잠이 안 온다, 물 마시고 싶다, 화장실 가고 싶다 하며 잠들기까지 한참이나 걸렸습니다. 그렇게 겨우 잠이 들어도 자다 깨다를 반복하고, 소리를 지르기 일쑤였습니다.

그런데 지금은 언제 그랬냐는 듯 아주 꿀잠을 잡니다. 일주일에 한 번 정도는 자다 깰 때가 있긴 하지만 이전에 비하면 기적이라고 말할 만큼 깊이 잠이 듭니다. 숙면에 좋다는 온갖 방법들을 동원했던 지난 시간이 무색할 정도입니다.

요즘 한솔이는 엄마의 기쁨이 되었습니다. 한솔이의 한마디 한마디가 엄마에겐 큰 위로가 됩니다.

"엄마 힘드니까 혼자 물 먹고 올게"

"일찍 자고 싶은데 잠이 안 와. 하지만 안 자면 엄마가 힘드니까 그래도 자 볼래요"

하는 말마다 어찌나 예쁜지 한솔이 때문에 지난날 힘들었던 기억이 눈 녹듯 사라집니다. 물론 아직도 낯선 곳에 가면 화장실을 들락거리긴 하지만, 한솔이는 "엄마, 나 혼자서 화장실을 다녀올게! 난 용감이니까." 하고 엄마를 귀찮게 하지 않습니다. 그리고 화장실 가는 횟수도 많이 줄었습니다.

엄마 옆에 딱 붙어서 무서우니까 아무것도 못 한다고 고개만 흔들었던 한솔이가 용감이가 다 되었습니다. 무서워도 엄마를 위해서 용기 내어 도전해보니 점점 자신감이 붙어서 이젠 그네를 타는 것도, 혼자 화장실에 가는 것도 전혀 두렵지 않습니다.

아이의 두려움을 의미 있고 적합한 것으로 대하기

장소, 사람, 장난감, 소리, 빛 등 아이가 두려움을 느끼는 대상은 다양합니다. 이해가 되지 않더라도 아이의 두려움을 인정해주세요. 부모의 애정 어린 보살핌과 공감을 얻은 아이는 공포에 맞설 수 있는 안정감과 자신감이 무럭무럭 자라게 됩니다.

이렇게 해보세요 ▶ 아이의 두려움을 인정하는 표현하기

아이가 두려워하는 것을 직면시키지 않고 인정해주세요.

"엄마, 강아지가 무서워."
"강아지가 뭐가 무서워. 줄에 묶여 있잖아. 괜찮아."
⇒ "강아지가 무서워? 그래, 무서울 수 있어. 엄마도 줄여 묶여 있는 강아지가 갑자기 짖으면 깜짝 놀라."

"무서워서 화장실에 혼자 못 가겠어."
"뭐가 무섭다고 그래. 화장실 바로 옆에 있잖아. 어서 혼자 갔다 와."
⇒ "혼자 못 가겠어? 그럼 엄마랑 같이 가자."

쉽게 상처받는 소심한 아이

"엄마 물 마셔도 돼요?"

"엄마 이거 입어도 돼요?"

"엄마 화장실 가도 돼요?"

일곱 살이 된 연희는 아주 사소한 것도 하나하나 엄마에게 물어보고, 엄마가 안 된다고 하는 것은 절대 하지 않습니다.

아이가 엄마 말을 잘 들어서 좋겠다고 부러워하는 사람도 있지만, 엄마는 연희의 이런 성격이 너무 걱정됩니다. 엄마에게는 연희가 뭔가를 먼저 해보겠다고 나서거나 시도했던 기억이 거의 없습니다.

유치원에서도 연희는 친구들과 놀고 싶어도 먼저 다가가서 같이 놀자고 말하지 못합니다. 멀리서 물끄러미 친구들이 노는 것을 구경만 합니다. 어쩌다 친구들과 놀 때도 자기가 하고 싶은 것을 먼저 얘기하지 못하고 늘 친구들이 시키는 것을 하곤 합니다.

미용실 놀이를 해도 늘 손님, 소꿉놀이를 해도 늘 아기, 술래잡기를 해도 늘 술래…. 연희는 미용사도 해보고 싶고, 엄마도 해보고 싶은데 말 한 마디 못하고 친구들이 시키는 대로 놀고 와서는 집에 와서 엄마에게 속상한 마음을 털어놓습니다.

"나도 미용사 하고 싶은데 친구들이 나는 안 시켜줘."

연희의 이런 투정이 너무 답답한 엄마는 "그럼 미용사 하고 싶다고 얘기를 해. 친구들한테 말하면 되지 왜 만날 엄마한테만 얘기하니!" 하고 퉁명스럽게 말하곤 합니다.

소심한 연희는 친구들과 싸워본 적도 없습니다. 친구들에게 자기주장을 하지 않을뿐더러 가지고 놀려고 잡았던 장난감도 친구가 하고 싶어 하면 재빨리 양보해버리기 때문입니다. 그런데 연희도 점점 이런 일들이 괜찮지가 않습니다.

일곱 살이 되고 나서는 유치원에서 속상했던 이야기를 부쩍 더 자주 하고 우는 일도 많아졌습니다. 그러던 어느 날 유치원 선생님께 한 통의 전화가 걸려 왔습니다.

연희가 수업 시간에는 태도도 좋고 잘 참여하는데 자유놀이 시간이나 쉬는 시간에는 책상에 엎드려 있는 일이 수시로 있다고 합니다. 걱정이 돼서 어디가 아프냐고 물어보면 아프지 않다고 대답한답니다. 선생님 생각에는 친구들이 하자는 대로 말없이 맞춰주다가 스트레스를 많이 받아서 친구들과 노는 것을 피하는 것은 아닌지 걱정이 된다고 하십니다.

엄마는 연희의 소심한 성격을 어떻게 고쳐줘야 하는지 늘 고민이긴 했지만 일곱 살이 되어서도 이러니 다음 해 학교에 보낼 생각만 하면 벌써부터 마음이 무거워집니다.

아이에게 선택할 기회 주기

걱정스러운 눈빛의 연희가 엄마 손을 꼭 잡고 상담실로 들어옵니다. 엄마는 여기는 선생님이랑 얘기하러 온 곳이라며 연희가 불안하지 않게 찬찬히 설명을 해주었습니다.

엄마는 연희에게 선생님과 얘기하는 동안 심심하니까 장난감을 가지고 놀고 있으라고 말을 합니다. 하지만 연희는 장난감을 가지고 놀기는커녕 만지지도 않고 한참을 눈으로만 보고 있습니다. 그러다 30분이 지나서야 엄마한테 다가와서 귓속말로 "엄마, 나 인형 가지고 놀아도 돼요?"라고 물어봅니다.

엄마가 바로 앞에 있는 인형을 연희 손에 쥐여주니 그제야 인형을 가지고 놉니다. 엄마가 건네준 인형만 만지작거리며 얌전히 앉아 노는 연희를 보다 못한 엄마가 "연희야, 저기 있는 주방놀이도 재밌어 보인다. 가서 해봐."라고 말합니다. 엄마의 말에 연희는 조용히 일어나 주방놀이 쪽으로 갑니다.

연희는 무슨 일이든 항상 엄마가 시켜야 하거나 일일이 물어보고 승낙을 받은 후에야 한다고 합니다. 원하는 것을 스스로 결정하고 주도적으로 상황을 이끌어가는 리더십 있는 아이로 키우고 싶었는데 바람과는 다르게 수동적이기만 한 연희가 엄마는 답답하기만 합니다.

매사 엄마에게 물어보고 허락을 구해야만 하는 연희는 어떠한 상황이나 행동을 통제하는 능력이 부족한 아이입니다. 외부 요인과 상관없이 주변 환경이나 활동의 결과를 통제할 수 있다는 믿음인 통제감은 자기효능감과 맞닿아 있는 중요한 사회정서 기능 중 하나입니다.

통제감은 아이 스스로 무언가를 선택해보고, 다른 사람을 통제해보는 경험을 통해 배울 수 있습니다. 많은 선택을 해보거나 부모나 익숙한 사람들의 행동을 통제해봄으로써 자연스럽게 자신을 둘러싼 환경에 대해 통제권을 발휘할 수 있게 됩니다.

아이에게 선택 기회를 줄 때는 아이의 능력 범위 안에서 충분히 선택할 수 있는 환경을 만들어주는 것이 중요합니다. 예를 들어 아이에게 입을 옷을 스스로 선택할 기회를 주었다면, 아이가 꺼내기 편한 곳에 계절에 적합한 옷들이 잘 정리되어 있어야 합니다. 그래야 아이가 어떤 선택을 하든 그 선택에 따라줄 수 있기 때문입니다.

네가 선택한 대로

엄마는 쉬운 것부터 연희에게 선택할 기회를 주기로 했습니다.

"연희야, 두 개 중에 연희가 오늘 입고 싶은 팬티를 골라 봐."

엄마의 말에 연희는 평소처럼 묻습니다.

"엄마는 어떤 게 좋아요? 엄마가 골라줘요."

"연희가 입고 싶은 거 입어. 엄만 연희가 고른 거면 무조건 찬성!"

선택하는 것이 익숙하지 않은 연희는 팬티 하나를 고르는 데도 한참이 걸립니다. 엄마는 그런 연희를 재촉하지 않고 기다려줍니다.

"엄마 핑크 입을래요."

"그래, 핑크색 예쁘네. 잘 골랐어. 이제부터 팬티는 우리 연희가 맘에 드는 걸로 골라서 입어보자. 우리 연희 참 잘 했어."

연희는 팬티 하나를 골랐을 뿐인데 엄마한테 칭찬을 들으니 은근히 기분이 좋습니다. 이번엔 유치원에 신고 갈 신발 고르기입니다. 엄마는 미리 신발장을 정리해 연희가 신발을 고르기 쉽게 해놓았습니다.

"연희야, 유치원에 뭐 신고 가고 싶어? 엄마가 맨 아래 칸에 연희 신발 모아 놨으니까 연희가 그중에서 신고 싶은 걸로 골라서 신어."

엄마의 말에 연희는 검정 운동화를 가리키며 묻습니다.

"엄마 그럼 이거 신어도 돼요?"

"그럼, 신어도 되지. 엄마한테 물어보지 않아도 돼. 연희가 신고 싶은 거 신으면 돼."

이렇게 하나둘 사소한 것부터 연희에게 선택할 기회를 주며 점점 선택의 폭을 넓혀갔습니다.

선택하는 즐거움에 푹

이제 연희는 시키지 않아도 아침에 일어나면 알아서 옷을 골라 입습니다. 어제 날씨가 추웠다며 오늘은 따뜻한 옷을 입을 거라 말하며 자기가 입고 싶은 코트를 골라 놓습니다.

아침 식사 때, 식구들이 앉을 자리도 연희가 정해줍니다.

"엄마, 오늘은 이 자리에 앉아요. 난 여기에 앉을래요."

"그래, 알았어. 엄마는 연희가 골라준 곳에 앉아야지."

"아빠, 아빠는 엄마 옆에 앉아요."

"응, 아빠는 엄마 옆에 앉을게."

이렇게 엄마도 아빠도 연희의 선택에 잘 따라주니 연희는 통제하는 즐거움을 알게 되었습니다. 다른 사람들을 내가 선택한 대로, 원하는 방법대로 이끌어가는 일은 이전에는 경험해보지 못했던 새로운 즐거움입니다.

그동안 연희는 "엄마, 이거 해도 돼요?"라는 말을 늘 입에 달고 살았습니다. 그런데 이제는 "엄마, 이거 해요." "엄마 내가 해볼게요."라는 말을 더 자주 합니다. 소심하게 굴던 버릇도 사라져 목소리도 커지고 성격도 밝아졌습니다. 주말이면 온 가족이 둘러앉아 연희가 선택한 게임을 연희가 정한 방법으로 노는 게 일상이 되었습니다.

그뿐만이 아닙니다. 유치원에서 돌아와 엄마만 보면 터져 나왔던 하소연도 사라졌습니다. 친구들과 놀 때 자기 목소리를 내기 시작하면서 스트레스도 사라지고 더 즐겁게 놀 수 있게 되었기 때문입니다.

"엄마, 오늘 술래잡기를 하는데 애들이 나보고 술래를 하라는 거야. 그래서 내가 가위바위보로 술래를 뽑자고 했더니 친구들이 좋다고 하더라. 그래서 기분이 좋았어. 내일은 친구들한테 신발 멀리 던지기 하자고 해야지."

모든 일에 조심스럽고 쉽게 상처받았던 소심한 연희는 이제 없습니다. 친구들 사이에 있었던 크고 작은 문제들을 스스로 극복해가면서 연희의 몸도 마음도 한 뼘 더 자랐습니다.

아이에게 선택할 기회를 자주 주기

아이에게 스스로 선택할 기회와 자유를 주세요. 특히 아이가 고른 장난감이나 놀이가 아이와 다른 사람에게 해가 되는 것이 아니라면, 아이의 선택을 존중해줍니다.

만일 선택하는 데 어려움이 있다면 아이의 능력 범위 안에서 쉽게 다룰 수 있고 혼자서도 조작할 수 있는 장난감이나 간단한 놀이 활동을 다양하게 제공해주세요.

이렇게 해보세요 주말 계획 세우기

주말에 어디에 가서 무엇을 할지 계획을 세워봅니다. 만약 아이의 발달 연령이 낮다면 설명과 함께 사진 등을 보여주는 것도 좋습니다. 예를 들어 키즈 카페를 고를 때 여러 곳의 키즈 카페 사진을 보여주면 아이가 선택하는 데 도움이 됩니다. 만약 아이가 초등학생 이상이라면 주말에 하고 싶은 위시 리스트를 작성해보는 것도 좋은 방법입니다.

이번 주말에 뭐 할까?	
놀러 가고 싶은 곳	단, 우리 동네 안에서 범위를 정해주면 그 안에서 고르기 쉽습니다.
이동 수단	버스, 아빠 차 중에서 아이에게 선택의 기회를 주었다면 그대로 따라줘야 합니다. 따라서 아이의 말을 들어줄 수 없는 경우를 대비하여 보기를 제시해줍니다.

| 먹고 싶은 것 | 뭐든 먹고 싶은 거로
아이가 원하는 대로 들어줄 수 있는 것은
보기를 주지 않아도 됩니다. |

이렇게 해보세요 왕 게임

아이가 '왕'이 되어 '왕'이 시키는 대로 하는 왕 게임을 온 가족이 함께 해보세요. 단, 위험하거나 남에게 피해가 되는 행동은 하지 않도록 규칙을 정하고 이를 반드시 지키게 합니다.

이렇게 해보세요 일상에서 다양한 선택의 기회 주기

- 옷이나 신발을 선택할 기회 주기
- 오늘 해야 할 일의 순서를 선택할 기회 주기
- 앉고 싶은 자리, 자고 싶은 자리를 선택할 기회 주기
- 먹고 싶은 간식이나 식사 메뉴를 선택할 기회 주기
- 장난감, 하고 싶은 놀이, 같이 놀고 싶은 사람을 선택할 기회 주기

 에필로그

우린
달라졌습니다

어느 날부턴가 우리 엄마가 달라졌습니다.
날마다 내 귀가 따갑게 가르치던 열혈 선생님이 아닙니다.
내가 못하는 것만 지적하며 훈련시키던 조교도 아닙니다.
심란한 눈으로 나를 보며 한숨을 쉬던 우울한 엄마도 아닙니다.
내가 짜증을 내면 더 크게 화를 내는 호랑이 엄마도 아닙니다.
우리 엄마가 달라지다니 믿어지지가 않습니다.

어느 날부턴가 우리 엄마가 달라졌습니다.
내 눈을 바라보며 나의 시선을 쫓아가 줍니다.
내가 좋아하는 것을 함께 즐거워해 줍니다.
내가 못하는 것보다 내가 이미 잘할 수 있는 것을 인정해줍니다.

내가 웃으면 같이 웃어주고 화가 난 내 마음을 먼저 달래줍니다.
우리 엄마가 달라지다니 믿어지지가 않습니다.

그런데 이제…
우리 엄마가 달라진 것이 믿어집니다.
엄마가 달라지니까 나도 달라집니다.

손수건보다 엄마가 더 좋습니다.
바퀴를 돌리며 혼자 노는 것보다 엄마랑 노는 것이 더 재밌습니다.
내 마음을 알아주는 엄마와 있는 게 행복합니다.

✿ 부록

왜 RT 발달중재인가

한국RT센터 대표 김정미 박사

　RT 발달중재를 하면서 부모와 교사는 '생각하는 부모', '생각하는 치료사'가 되는 것 같습니다. 지난 20여 년간 RT 발달중재를 알리면서 새롭게 깨달은 사실은 부모로서 교사로서 우리 어른들이 아이들에게 해줄 수 있는 최선은 '나'의 기준을 내려놓고 '아이의 현재'를 보고 맞춰주는 일이 아닐까 합니다.

　어리고 늦어서 도와주고 끌어야만 앞으로 나아갈 수 있을 거라 생각한 아이를 그저 바라봐주고 기다려주고 긍정적으로 반응해주었을 뿐인데, 아이는 교사가 주도적으로 이끌 때보다 훨씬 더 많은 결과들을 만들어냅니다. 이는 아이의 능동적인 발현의 힘, 그리고 일상생활에서 자연스럽게 반응적 교수법이 시행되면서 나타난 효과라 할 수 있습니다. RT 발달중재사들과 RT 발달중재 수업을 경험해본 부모님들은 이러한 감동을 다른 사람들과 나누고 싶어 합니다.

아이를 키우며, 아이를 가르칠 때 우리 아이의 진정한 발달을 이해하고 적응적인 아이를 목표로 성장을 나누기를 바라며 RT 발달중재를 소개합니다.

RT 발달중재란

반응적 상호작용 혹은 반응성 교수법이라고 불리는 RT(Responsive Teaching) 발달중재는 자폐와 발달지연 영유아 및 일반 아동을 위한 조기중재 프로그램입니다. 미국 마호니 교수에 의해 개발되었으며, 수년에 걸친 연구와 현장검증을 통해 장애 유무와 관계없이 영유아기 발달과정에 있는 아이들에게서 효과적인 임상결과를 보이고 있습니다.

RT 발달중재는 부모와 아이가 함께하는 것을 기본으로 부모가 일상생활에서 아이와 원활하게 소통하고 상호작용하는 것을 도움으로써 아이의 발달과 안정을 도모하고 증진하는 것을 목적으로 합니다. 아이의 발달 문제를 다루는 다양한 프로그램 중에서 RT 발달중재는 다음과 같은 차별화된 장점들을 갖고 있습니다.

아이와 부모가 함께하는 가족-중심 접근법입니다

RT 발달중재는 관계 기반 중재 프로그램으로서 함께 성장하는 가족-중심 모형을 근거로 합니다. 부모는 아이와 가장 많은 시간을 보내고, 특별한 사회정서적 유대와 애착관계를 형성하기 때문에 아이의 안정과 발달에 누구보다 중요한 영향을 미칩니다.

따라서 부모가 5분 정도 생활 에피소드 중에 아이와 어떻게 놀아주고 의사소통하느냐가 아이의 발달에 많은 부분을 차지합니다. 요컨대 부모가 아이에게 제공해주는 경험의 질이 장차 아이의 잠재능력을 결정하게 되므로 아이의 잠재능력을 극대화해줄 수 있는 부모가 RT 발달중재의 매개가 되어 아이의 변화를 이끌어내야 합니다.

RT 발달중재 프로그램에서 부모의 역할이 크고 핵심적이기 때문에 부모에게 과중한 부담을 주는 교수법이 아닌가 하는 오해를 할 수 있습니다. 그러나 RT 발달중재는 부모와 아이가 함께 놀고 상호작용하면서 관계가 자연스럽게 개선되고, 아이와 보내는 시간을 즐겁게 만들어주기 때문에 부모의 육아 스트레스를 줄여줍니다.

일과 기반 중재 프로그램입니다

일상생활에서 적용할 수 있는 명확하고 실행적인 전략을 제시함으로써 아이를 돌보는 데 부가적인 부담을 지우지 않으면서 아이의 발달과 안정을 촉진하는 능력을 증가시킵니다. 즉 일상생활에서 이루어지고 그 자체를 일반화로 이끌 수 있는 중재 프로그램입니다.

RT 발달중재는 아이의 잠재력을 중요하게 생각합니다. 그래서 부모는 아이가 이미 할 수 있는 것을 더 즐겁고 재미있게 할 수 있도록 지지해주고, 반응적인 상호작용을 통해 아이가 스스로 자신의 능력을 발휘할 수 있도록 기다려줍니다.

아이의 흥미와 관심에 초점을 두는 구성주의 학습을 기반으로 합니다

RT 발달중재는 아이의 흥미와 관심사에서 출발하여 주도성을 이끌어내는 구성주의 학습을 기반으로 합니다. 아이는 자신이 주도하는 활동에 참여하는 동안 스스로 조작하고 탐색하며, 자꾸 반복해서 실행합니다. 이러한 경험을 통해 세상을 이해하고 사회적으로 요구되는 적합한 활동과 기술을 획득해 나갑니다. 따라서 아이의 능동적 참여를 북돋아 줍니다.

근거에 기반한 체계적인 매뉴얼로 구성되어 있습니다

RT 발달중재는 아동 발달의 기초가 되는 사회적 놀이, 주도성, 문제해결, 대화, 자신감 등 아이의 중심축 행동을 발달시켜 궁극적으로 인지, 의사소통, 사회정서 능력을 발달시키는 체계적인 프로그램입니다. 여기서 '중심축 행동'이란 아이의 발달적 학습능력의 기초가 되는 것으로 누구나 생후 초기부터 할 수 있으며 일상에서 습관화할 수 있는 행동들입니다. RT발달중재는 중심축 행동을 목표로 하기 때문에 일상에서 적용이 용이합니다.

발달 영역	인지	사회적 놀이, 주도성, 탐색, 문제해결, 실행
	의사소통	공동활동, 공동주의, 언어화, 의도적 의사소통, 대화
	사회정서	신뢰, 감정이입, 협력, 자기 규제, 자신감, 통제감

RT 발달중재의 중심축 행동

RT 발달중재의 효과

RT 발달중재는 일상에서 자연스럽게 아이와 상호작용하는 방식으로 수업이 이루어지기 때문에 아이의 일반화가 쉽고 엄마의 양육 스트레스를 감소시키며 효능감을 향상시킵니다.

- 인지: 주의집중 및 학습수용 능력 향상

"아이와 주고받는 놀이가 돼요."

"아이가 놀이를 주도해요."

"아이의 관심사가 다양해졌어요."

"놀이 수준이 높아졌어요."

"어렵고 힘든 과제도 끝까지 해보려는 도전 의식이 생겼어요."

"주의집중하는 시간이 길어졌어요."

- 의사소통: 자연스러운 언어발달의 일반화

"함께 상호작용하는 시간이 길어졌어요."

"눈 맞춤이 좋아졌어요."

"소리가 많아졌어요."

"언어표현이 많아졌어요."

"자기표현을 잘해요."

"대화가 돼요."

- 사회정서: 감정 조절과 협력 증진

"아이와 관계가 좋아졌어요."

"아이의 짜증이 줄었어요."

"아이가 말을 잘 들어요."

"아이가 감정을 조절하는 능력이 높아졌어요."

"자신감이 높아졌어요."

"또래 친구들과도 잘 어울려요"

- 양육 가이드: 양육 스트레스 감소 및 효능감 향상

"아이와 지내는 게 편해요."

"아이를 더 이해하게 되었어요."

"아이가 더 사랑스럽고 예뻐요."

출처: 《부모와 교사를 위한 반응성교수 교육과정》,
Mahoney & Macdonald 지음, 김정미 옮김, 학지사, 2008.

RT 발달중재 프로그램으로
행복한 소통 육아

아이가 이끄는 대로
마음이 닿는 데로

글쓴이 | 박지혜   추천감수 | 김정미
펴낸이 | 곽미순   편집 | 박미화   디자인 | 이순영

펴낸곳 | ㈜도서출판 한울림   기획 | 이미혜   편집 | 윤도경 윤소라 이은파 박미화 김주연
디자인 | 김민서 이순영   마케팅 | 공태훈 윤재영   경영지원 | 김영석
출판등록 | 1980년 2월 14일(제1980-000007호)
주소 | 서울시 영등포구 당산로54길 11 래미안당산1차아파트 상가 3층
대표전화 | 02-2635-1400   팩스 | 02-2635-1415
홈페이지 | www.inbumo.com   블로그 | blog.naver.com/hanulimkids
페이스북 | www.facebook.com/hanulim   인스타그램 | www.instagram.com/hanulimkids
첫판 1쇄 펴낸날 | 2019년 5월 15일   2쇄 펴낸날 | 2021년 9월 10일
ISBN 978-89-5827-121-5 13590

이 책은 저작권법에 따라 보호받는 저작물이므로, 저작자와 출판사 양측의 허락 없이는
이 책의 일부 혹은 전체를 인용하거나 옮겨 실을 수 없습니다.
＊잘못된 책은 바꾸어 드립니다.